-人口发展与公共政策丛书-

丛书主编：杨云彦

家庭发展能力与计划生育利益导向政策
——基于家庭策略的视角

梁辉 著

武汉大学出版社

图书在版编目(CIP)数据

家庭发展能力与计划生育利益导向政策:基于家庭策略的视角/梁辉著．—武汉:武汉大学出版社,2017.1
人口发展与公共政策丛书/杨云彦主编
ISBN 978-7-307-19086-3

Ⅰ.家… Ⅱ.梁… Ⅲ.计划生育—人口政策—研究—中国 Ⅳ.C924.21

中国版本图书馆 CIP 数据核字(2016)第 315770 号

责任编辑:郭　静　伍淑祥　　责任校对:李孟潇　　版式设计:马　佳

出版发行:**武汉大学出版社**　　(430072　武昌　珞珈山)
（电子邮件:cbs22@whu.edu.cn 网址:www.wdp.com.cn）
印刷:武汉中科兴业印务有限公司
开本:787×1092　1/16　　印张:9.75　　字数:180 千字　　插页:1
版次:2017 年 1 月第 1 版　　2017 年 1 月第 1 次印刷
ISBN 978-7-307-19086-3　　　　定价:36.00 元

版权所有,不得翻印;凡购买我社的图书,如有质量问题,请与当地图书销售部门联系调换。

特 别 说 明

本书为国家社会科学基金重大项目"完善人口与计划生育利益导向政策体系研究"(项目编号:11&ZD038)子课题五"家庭发展能力与计划生育利益导向政策研究"的研究成果。

总　　序

35年，在人类发展的历史长河中只是白驹过隙的一瞬之间，但在人口发展的历史上，却注定写下浓墨重彩的一笔。1980年中共中央发表《关于控制人口增长问题致全体共产党员、共青团员的公开信》，标志着"独生子女"政策的启动，其主要特征就是通过强力的政策力量，干预大众生育行为，促进人口转变的公共政策实践。到2015年十八届五中全会宣布全面实施一对夫妇可生育两个孩子的政策，既表明独生子女政策完成其历史性使命，又标志着计划生育政策进入一个新的时期。35年的人口发展和政策实践，给我们留下了大量值得理性思考和科学研究的课题。

从政策层面看，我国的计划生育工作取得的成效值得充分肯定。计划生育工作加快实现了人口再生产类型由传统型到现代型的历史性转变，有效地缓解了人口对资源、环境的压力，有力地推动了经济发展和社会进步。但是，在控制人口增长、实现低生育水平的同时，也带来诸多不利的社会后果和潜在风险，包括家庭抵御风险的能力减弱，人口老龄化步伐加快加重等。适时调整完善生育政策非常必要。

中央启动"单独二孩"政策后，激发了学界和社会各方的高度关注，有观点认为政策"遇冷"，有观点认为基本符合预期，在这些不同观点的背后，一个基本的判断是，我国的人口转变已经从外生主导型阶段进入到内生主导型阶段。在这样一个判断之下，怎样看待当前的人口形势和生育行为的走向，怎样完善政策促进人口长期均衡发展，成为新时期非常迫切的研究课题。

着力创新理论和分析框架，阐释人口转变从外生型到内生型的变化机制，对准确定性当前人口生育行为的变化情况以及发展趋势，判定低生育水平地区是否面临低生育水平陷阱的风险，避免人云亦云、就事论事，是非常必要的。关于人口红利的系统、深入研究，将有助于我们更全面、准确地理解人口、劳动力供给、人力资本与经济增长的关系，丰富宏观人口经济学的理论。人口长期均衡发展和提升家庭发展能力，包括当下广泛见诸新媒体的有关二孩生育"生不起"的说法，是简单的抚养成本问题，或是深层的社会行为变化，我们是否应该有利益导向机制上的新应对，这既是政策问题，在很大程度上更是理论问题，它为我们超越传统的生育理论提供了新的探索空间。我们需要对既有政策进行系统梳理，科学评估，既要解决"怎么看"的问题，又要解决"怎么办"的问题。

计划生育利益导向政策是新形势下实现政策目标的重要政策措施。早在1980年公开信中就指出，"为了控制人口增长，党和政府已经决定采取一系列具体政策。在入托儿所、入学、就医、招工、招生、城市住房和农村住宅基地分配等方面，照顾独生子女及其家庭"，明确了对计划生育家庭的优惠帮扶政策。在新形势下，这一政策不断充实完善。在我们承担国家社会科学基金重大项目"完善人口与计划生育利益导向政策体系研究"期间，经历了从单独二孩到全面二孩的重大政策调整，为我们研究人口转变新阶段的公共政策响应提供了难得的机遇。我们从利益导向政策评价、人口转变和生育行为变化、家庭发展能力、人口长期均衡发展、三维人口红利等专题开展研究，取得了一系列的理论与政策成果，结集出版的六部专著，正是这些成果的展现。希望这些成果的出版，能为我国计划生育利益导向政策体系的进一步完善，为人口科学的理论创新提供一些新的视角和新的积累。

杨云彦

2016年5月12日

前　言

在社会转型期城镇化、工业化快速发展，政府公共政策对家庭日益重视等背景下，农村家庭正在面临家庭结构与家庭功能的外在冲击风险和内在演变动力。而微观家庭在这场变革的浪潮中，也在通过自己的方式应对着各种变化，通过调整家庭策略，实现家庭保障与效用最大化，推动家庭向前发展。在这样的背景下对农村家庭的研究，也就需要沿着"家庭公共政策"、"家庭策略"、"家庭发展"的思路而展开。

"发展"是家庭公共政策实施的目标。经济和社会发展的最终目的是人的全面发展，社会政策应优先考虑满足社会成员的发展需要，将"人"作为最重要的资产进行培植和投资。在这一思路下的社会政策就注入了"发展"的成分。"尽管通过社会应急基金来应对危机永远都是必要的，但是，长期的发展更需要对人进行投资"，这是"内在的基本福利要求"，同时也是"人的均衡发展所必需的"。这是发展型社会政策的独特之处，也是本研究的逻辑基础。

家庭便是"促进人的发展"公共政策的实施载体。无数个家庭构成整个社会，如果将家庭政策也当作是一种公共社会投资的话，那么家庭发展就更依赖于"家庭成员实现自我完善、自我优化的内在力"，或可称为"家庭发展能力"。这一社会投资将回报丰厚，家庭禀赋充裕、家庭功能完备、家庭策略理性最优，那么整个社会将拥有高的生产效率、充足的发展储备、丰富的劳动力供给。

西方家庭发展政策已演变为"发展型家庭政策"阶段，表现为：家庭政策的福利对象从"有问题的家庭"到"所有家庭"的转变；实施渠道从"单一的政府"到"多元化的包括政府、家庭、社区、市场、社会组织"的转变；实施目的从"保证公民权利、提供发展资源"到"保证发展权利和强调社会责任相结合"的转变。这给中国当前家庭政策的构建提供了有效建议。

而中国正处于工业化、城镇化快速发展，需要顺应时代转变家庭政策的"社会转型期"。在这一时期，家庭的需求日益丰富、家庭结构更加复杂化、家庭功能缺失更加严重、家庭决策过程更多元化。这些都需要家庭政策的辅助和支持。但中国的家庭政策却远远滞后于家庭发展的需求。

本研究将落脚点放在农村家庭对社会转型的家庭策略应对上。在家庭发展能力的研究框架中，家庭禀赋、家庭功能和家庭策略共同构成家庭发展能力的三个维度。

作为在某一社会环境下，理解"家庭作用"的一个有效工具，家庭策略将个人放入家庭中考量，将宏观社会变迁与家庭成员互动联系起来。深入到家庭内部中思考，我们发现，其实家庭策略也就是家庭在其发展过程中所作出的，关于"福利分配"与"劳动分工"的安排，或者说是"由谁做事？"和"由谁受益？"的家庭内部资源分配与决策。

在"福利分配"方面，家庭能够实现分配的福利，既包括当前家庭成员间的福利分配，如受教育的机会、医疗保健的机会等；也包括当前与未来的跨期分配决策，如当前消费与未来投资，追求当前孩子数量带来的劳动力优势还是追求孩子质量带来的将来家庭发展能力等。

在"劳动分工"安排上，既包含家庭整体劳动力市场参与形式的选择，也体现了家庭内部成员劳动分配安排。例如家庭为纯农户、兼业户还是纯非农户；丈夫与妻子之间的劳动分工，父代与子代间劳动分工，工作与闲暇的时间分配等。

家庭是其成员获取发展福利的最直接单元，家庭福利的分配体现了家庭决策过程的参与对象，以及家庭在成本约束之下作出的权衡安排，是"由谁来享受劳动结果"的家庭决策。而劳动分工则体现为就业决策的人员分配与时间安排。发展型社会福利以提高社会成员的经济参与能力为目的，以提升家庭成员发展的内力。而更加多元化的家庭劳动力市场参与形式，也起到抵御家庭风险、提高家庭收入的作用。家庭的"福利分配"与"劳动分工"策略反映了这一家庭在发展能力上所处的阶段，是仅能保证成员的基本生活消费，还是能够实现发展性投资，抑或已经陷入贫困陷阱无暇谈及"发展"？

家庭策略作为家庭发展能力的一个维度，除了受到社会公共政策与经济社会发展环境的影响之外，势必受到家庭禀赋与家庭功能的影响。

家庭禀赋是家庭策略得以实施的基础，是家庭得以生存发展的资本，对家庭发展能力具有"门槛效应"。资本贫困或者"家庭禀赋贫困"是比经济收入低下更应受到重视的现象。随着发展型家庭政策理念从"以提高收入为主"到"以促进家庭资产能力为主"的转变过程，家庭禀赋代表了家庭进一步发展的原动力。资产贫困理论认为，资产积累的路径存在一个临界点，资产低于临界点的家庭，难以实施发展家庭能力的一系列家庭策略，家庭将收敛到一个低水平的均衡点，而陷入贫困陷阱中；资产高于临界点的家庭则会收敛到一个高水平的均衡点，从而摆脱贫困。而更令人担心的是，贫困家庭由于在子女教育、社会网络等方面的劣势，以及无法在子代家庭初建时给予更多扶助，还会引致贫困的代际传递。

另一维度，家庭功能是为满足家庭需求而生的，在本研究中更多地是指家庭保障功能，包括物质经济援助、精神慰藉和服务支持三个维度。处于不同发展阶段的家庭，其需求也不尽相同。因此，在研究中引入了"家庭生命周期"理论，希望从结构性视角分析家庭发展能力的演变过程。而家庭策略往往是在家庭生命周期各阶段"结点"处，为应对家庭结构变化、新的家庭需求和家庭功能演变而做出的决策。完备的家庭保障功能来自于完整的家庭结构、充沛的家庭禀赋，而这些共同构成理性家庭策略得以实施的基础条件。

从家庭策略角度进行分析，突出了家庭对社会变革与公共政策的积极应对能力，也试图厘清社会与家庭对其成员发展的责任与义务边界。家庭策略不是孤立的，是家庭发展能力框架下的一个维度；进一步提高家庭发展能力也不仅仅是微观家庭的考虑，而是整个社会"发展型家庭政策"与"发展型家庭福利"的目标所在。社会环境变革、发展型家庭政策、家庭策略理性应对、家庭发展能力提升便是本研究的主体脉络。

西部农村家庭仍在很大程度上保持着传统的大家庭结构、浓厚的家庭氛围、固化的家庭决策参与主体。但也难以成为工业化和城市化浪潮中的孤岛，近年来受到越来越明显的影响。在这一时期对西部农户家庭发展能力的研究，刚好可以发现家庭发展能力从初级阶段到逐渐发展的起步过程，感受家庭发展政策的实施效果。尤其是在当前人口政策从"少生快富"政策导向家庭减少生育，到"单独二孩政策"、"全面二孩政策"开始逐渐实施的转变阶段中，选择西部农户为研究样本，能够更清晰地看到，正处于人口转变过程中的西部家庭，如何制定家庭策略，以适应、调整、应对计划生育政策等公共家庭政策。

目 录

第一章 公共政策与家庭发展能力：理论框架与研究设计 ……… 1
第一节 社会变迁与家庭政策演变——研究的逻辑基础 ……… 1
第二节 研究设计与数据来源 ……… 5

第二章 家庭发展能力：禀赋、功能与策略 ……… 10
第一节 家庭发展能力的提出与发展 ……… 10
第二节 西部农户的家庭结构 ……… 17
第三节 西部农村家庭保障功能的需求与实现 ……… 23

第三章 家庭发展能力的生命周期分析 ……… 33
第一节 家庭生命周期：家庭从诞生到消亡 ……… 33
第二节 西部农户家庭发展能力的周期阶段差异性 ……… 41

第四章 西部农户的家庭生育决策——子女质量对数量的替代 ……… 46
第一节 "子女数量-质量替代"理论 ……… 47
第二节 从"少生快富工程"看西部农村家庭生育决策 ……… 52
第三节 家庭生育决策过程：成本-效用分析 ……… 58
第四节 基于标准生育经济模型的分析 ……… 63

第五章 西部农户的家庭教育决策——子女数量对质量的替代 ……… 68
第一节 我国的义务教育制度 ……… 68
第二节 个体、家庭、社会与子女教育投资决策 ……… 70
第三节 子女数量对质量的替代：模型与实证 ……… 72

第六章 家庭结构、家庭禀赋与劳动供给决策 …… 77
第一节 家庭劳动供给的衡量选择与时代变迁 …… 78
第二节 我国农户的家庭劳动供给：宏观分布与家庭内分工 …… 80
第三节 农村家庭非农劳动参与的影响因素 …… 88
第四节 西部地区农户的非农劳动供给 …… 101

第七章 家庭发展能力如何影响家庭外出务工决策 …… 114
第一节 外出务工决策：家庭、社区与政策的影响 …… 114
第二节 家庭发展能力与中部农户外出务工决策 …… 118
第三节 实证分析与结论 …… 123

第八章 基于家庭发展能力的利益导向政策 …… 132
第一节 家庭发展能力 …… 132
第二节 关于利益导向政策的建议 …… 136

参考文献 …… 139

后 记 …… 146

第一章　公共政策与家庭发展能力：理论框架与研究设计

第一节　社会变迁与家庭政策演变——研究的逻辑基础

"家庭"作为社会的最小单位，越来越成为制定社会政策和社会福利制度的基本元素。而对家庭的研究，应在社会发展的大背景下。十八大提出"坚持计划生育的基本国策，提高出生人口素质，逐步完善政策，促进人口长期均衡发展"。《中华人民共和国国民经济和社会发展第十二个五年规划纲要》明确将"提高家庭发展能力"作为未来人口工作的重要组成部分。家庭发展已成为当前社会政策，尤其是人口政策制定的重要目标。

首先，家庭变迁内嵌于社会变迁之中，社会变迁又重塑了家庭。家庭是处于社会系统中的，势必受到社会发展与政策环境的影响。但是，家庭也具有自身演变的内在动力，以及对社会变迁的应对和限制。这种应对便具体化为：处在各个发展阶段的家庭，在面对家庭发展中具体事务时所实施的策略，以实现家庭成员的幸福发展，或称"家庭策略"。家庭具有发展内力和社会应变性，是本研究的逻辑基础之一。

其次，在社会福利制度和政策的制定中，对家庭和家庭发展的认识也应具有新的变化。包括：家庭福利政策的对象从"有问题的家庭"到"所有家庭"的转变；实施渠道从"单一的政府"到"多元化的，包括政府、家庭、社区、市场、社会组织"的转变；实施目的从"保证公民权利、提供发展资源"到"保证发展权利和强调社会责任相结合"的转变等。

家庭变迁改变了社会政策制定时所面对的家庭特征基本假设。只有建立在丰富家庭禀赋、完善家庭功能、满足家庭发展需求基础上的社会政策，才能为社会成员提供有效的帮助，是本研究的另一逻辑基础。

对家庭政策的研究始于20世纪40年代，由于工业化、城镇化的发展，冲击了家庭传统分工模式和代际关系，最初的家庭政策便是为了缓解家庭与就业矛盾的一系列制度性举措。那一时期对家庭政策的研究，更多地表现为人口学的色彩，家庭政策基本等同于人口政策。之后在20世纪70年代，对家庭政策的研究日益增多，到20世纪90年代，为应对经济全球化和人口演变的一系列挑战，西方福利国家在强调对家庭予以支持的同时更加强调家庭责任，从此，家庭政策中开始加入"发展"的成分。

一、发展型家庭政策的提出与家庭发展能力

纵观世界各国的发展史，工业化、城市化和现代化的发展进程，都伴随着家庭规模、结构、形态、功能等的改变。这一方面是人口自然演变的结果，同时也是社会进步的进程。与此相对应的家庭福利政策，也逐渐向"发展型家庭政策"演变，这尤其体现在西方国家中。通过对西方"发展型家庭政策"演变过程的梳理，可以对中国当前家庭政策的制定提供案例支持和思路启示。国内也有诸多学者进行了一系列研究。

（一）早期家庭政策：弥补家庭功能、全面解决家庭所需

早期的家庭政策主要是弥补家庭功能的缺失。家庭政策重点集中于对部分人口和部分家庭的收入支持上。之后随着福利国家的兴起，国家越过家庭直接对个人提供支持，家庭政策逐渐从社会政策中淡出。

福利国家的兴起是源于工业化和城市化发展的，夫妻双方进入劳动力市场，家庭子女照料、早期教育、老人赡养等传统保障功能得不到有效实施。这时的家庭政策则通过儿童福利计划、社会保险制度等，恰好弥补了这一缺失。

基于性别分工的家庭功能实现机制，是当时"福利国家"的重要基础。家庭发展政策基于"家庭中性别分工模式固化"设置了界定明确的公私领域，并据此划分社会与家庭的责任边界。在公共领域，男性承担养家责任，以就业和工作贡献为基础接受福利；而在私人领域，女性承担家庭照顾责任，并以母亲和妻子的身份获得福利。这时的国家政策对家庭私人领域是不干预的态度。因此，一般认为，福利国家制定家庭政策基于三个基本逻辑：劳动关系（男性进入劳动力市场）、性别关系（家庭劳动分工稳定）、代际关系（传统的代际抚养）。

此后的1940—1970年代中期，是西方国家社会福利政策迅速发展的时期，社会服务的范围几乎涵盖了家庭所能遇到的所有困难。公平、包容、人权等逐渐成为影响社会政策的重要因素，积极的社会政策，直接或间接地提供了各种形式的收入保障和社会服务。

1970年代中期以后，西方社会福利制度开始受到批评。一方面，随着工业化和城市化发展，女性就业机会增加，而男性失业率提高，原有的"劳动关系"逻辑基础被打破。女性的受教育和参与就业，也进一步导致了结婚年龄推迟、家庭稳定性减弱、家庭形式和两性关系日益多元化等现象，福利国家的另一基本逻辑：男性外出就业、女性居家照料的家庭内部性别分工关系逐渐减弱。另一方面，许多社会保障政策面临严重的财政危机和制度缺陷，老龄化又在这时更加大了政府财政危机，政府福利支出不得不更倾向于老人，代际公平冲突产生，原有的"代际关系"被破坏。人们开始将家庭功能和责任的弱化，甚至经济衰退归结为福利国家制度。

随着传统福利国家的三个逻辑基础（劳动关系、性别关系、代际关系）都开始动摇，政府开始认识到，应该由家庭或社区等非正式组织来寻求问题的解决，家庭又重新回到社会政策中来。

（二）社会福利改革：政府与家庭责任边界的再思考、"发展型家庭政策"出台

传统福利国家制度，将家庭看作是福利传送的渠道，但随着家庭的不稳定和多元化，家庭以往的福利传送功能被削弱，人们再难以从家庭中获得生存保障与发展支持。在这种情况下，福利国家开始调整福利供给和保障方式，社会福利改革开始。

1980年代以来的社会福利改革，其过程也可以看作是对政府与家庭责任边界重新认识的过程，体现了"再家庭化"与"去家庭化"的并存。一方面把一部分福利供给单位由家庭转为个人，即所谓的"去家庭化"；另一方面把直接供给转为间接供给，通过支持家庭，帮助家庭恢复自身福利供给和保障功能，产生了对家庭政策的需求，或者也可称为"再家庭化"。家庭又一次被纳入社会政策之中。具体表现为：

首先，强调社会参与和家庭责任。社会政策考虑的出发点由原来"使受助者在失去劳动收入或遇到风险时仍能有尊严"，而转向"使受助者重新参与到经济活动中来，通过工作或市场来满足自己的需要"。政府在保证公民权利的同时，也强调他们的社会责任。在英国，双职工家庭每周工作时间超过16小时，才可享受税收优惠政策（working families tax credit）。美国在1996年将AFDC（Aid to Families with Dependent Children）改革为现行的TANF（Temporary Assistance for Needy Families），其中的一个重要变化是，要求成年受助者在接受帮助两年后必须进入工作状态，否则对其现金帮助将会被减少或取消。但如何平衡工作与家庭的关系，也就需要社会政策重点考虑了。在英国，政府鼓励雇主制定有利于职工行使家庭责任的工作安排，如家庭休假制度和弹性工作时间等。如果有新生婴儿或新领养子女，还可享受三个月的无酬亲职假期（parental leave）。

另一方面，通过对家庭责任的承担才能获得社会福利，鼓励成员回归家庭，营造家庭氛围。在所有国家中，儿童福利政策都是政府及社会成员最早致力的社会福利之一，包括保护儿童安全、改善儿童成长环境等。但不能将儿童救助与家庭救助割裂开来，对儿童最好的救助办法就是鼓励父母回归家庭。基于此，政府普遍制定了一系列措施，比如：通过减免税收或提高儿童家庭津贴的现金福利，通过对父母的休假制度、教育补贴而实施的工作福利，通过家庭服务和法律实现的子女收养等（Shirley L. Zimmerman, 1995）。在英国，新工党的家庭政策特别强调父母对其子女的照顾责任不应因夫妻离婚或再婚而改变。在美国，政府以及家庭服务机构要求享受社会福利的单亲母亲或未婚母亲确认孩子的父亲，以便使其行使父亲的责任和角色，否则其现金帮助将会减少至少25%。

社会政策要起到的作用就是，提高家庭成员社会参与的能力，促使他们行使家庭责任。

其次，在社会福利的实施主体上，更强调社会福利渠道和方式的多元化。人们的需要是通过多种渠道或多个系统来满足的，这些系统包括政府、市场、家庭、社区和公民社会组织等。社会是一个大系统，要发挥作用必须保证各个子系统的协同合作。家庭既是社会各系统政策最终发挥作用的地方，也是经济政策和社会政策的结合点。因此，"家庭"便成为社会政策促进社会整体功能有效发挥的焦点。

第三，开始重视以预防和早期干预为目标的家庭服务①，而不仅仅是应急或修补性的帮助。"预防"是指尽可能地避免那些容易导致儿童失去家庭依托的情况出现，如离异、儿童虐待或情感忽视等。英国新工党成立了"全国家庭及亲职中心"（National Family and Parenting Institute），为所有家庭提供辅导和支持性服务，如婚前辅导。通过家庭政策鼓励准备结婚的人们参加婚前辅导计划，了解婚姻关系中的权利和义务以及抚育儿童的知识和技能等。另外，早期干预主要是在家庭发展周期各阶段的过渡事件发生前的干预，如结婚、第一个孩子出生、孩子离家等。英国的 Sure Start 计划将教育、医疗和其他社会服务部门整合一体，凡有新生儿的家庭，工作人员会在孩子出生后三个月内定期家访，评估家庭需求，为家庭提供相关帮助。美国的家庭服务工作人员会对家庭进行筛查和评估，判断是否会出现虐待儿童的可能性，并予以辅导和干预。1883年德国颁布实施三项社会保险法案，标志着

---

① 其中，预防是从巩固婚姻、增强家庭观念开始的。

现代社会保障制度诞生，家庭成员的风险保障由一种或然性的伦理性契约行为转化为一种有法律保障的必然性的法律契约行为。

总之，近几十年来，家庭政策的趋同"强化家庭功能和家庭责任"，从战略发展角度对家庭进行积极支持或投资，称为"发展型家庭政策"。从"弥补"到"强化"，从"福利"到"发展"，正是体现了家庭发展能力才是家庭政策和家庭发展促进行动的主要目标。

二、发展型家庭政策——从"收入为主"向"资产为主"的转变

国外福利国家建设之初，是基于"收入即是福利"的思路基础的，我国长期以来的各种扶贫政策，也是基于这一思路。但是收入的增加仅仅缓解了低收入者暂时的生活境况，却难以帮助他们摆脱贫困。

迈克尔·谢若在《资产与穷人——一项新的美国福利政策》（Assets and the Poor: a New American Welfare Policy）一书中提到，要考虑到家庭资产的差异来建立个人发展账户，通过对家庭的投资与支持，来达到促进个人发展与家庭福利提升、增加国家竞争力的目的。他认为，以资产为主（asset-based）的社会福利政策是比以收入为主（income-based）的社会福利政策更有力的反贫困措施。通过提高低收入者的家庭资产，或称为"家庭禀赋"，家庭达到实施其家庭发展策略的家庭禀赋门槛，如家庭人力资本投资策略、家庭非农劳动参与策略等，才使得家庭拥有了摆脱贫困、实现发展的能力。

随着对扶贫政策实施效果的认识深入，以"资产投资"为出发点的家庭政策逐渐形成。社会政策更强调帮助家庭形成或巩固其发展的能力，也即"家庭发展能力"。

从社会政策学角度对家庭进行审视，是近年来家庭政策研究的新范式，研究的落脚点在于如何建立和完善家庭制度或政策。本书将在西方国家'发展型家庭政策"的思路基础上，将家庭纳入社会政策目标范围，将家庭政策纳入福利政策和社会保障之中，研究在社会转型期以及社会政策急剧转变的当前，农村低收入家庭如何应对"政策外力冲击"与"家庭人口内在演变"的影响，制定家庭策略，以实现家庭效用最大化和家庭各成员的幸福发展。

第二节 研究设计与数据来源

在中国这个"家庭本位"的国家里，家庭在社会系统中受到社会、经济、政

策等环境因素的影响。同时,家庭也是社会系统中的一个子系统,在其内部有着成员间的分工与协作,共同构成家庭向前发展的力量。因此,本书在"发展型家庭政策"实施与家庭发展能力提升的框架下,将农户家庭发展策略作为研究对象,家庭禀赋保证家庭策略的实施基础,家庭功能外在体现家庭策略的实施效果。研究中强调家庭自身变化的动力以及通过家庭策略的制定与实施,实现个人、家庭和社会变迁之间的相互作用。

家庭策略不仅仅是商量和民主的简单过程,其中也有支配与被支配、投资的取舍、夫妻间的争执、代际关系的安排。正如布迪厄所说,再生产的社会机制并非是简单地机械式运转,而是个人和家庭策略的一种结果(Bourdieu,1970)。尤其是在当前经济形势、社会层级、政策安排逐渐转型与发展的中国,农村家庭的策略应对也应顺着"发展型家庭"的思路而展开。

一、研究设计安排

家庭决策根本上体现在"劳动分工"与"福利分配"两个方面,看似家庭的日常生活,却也是家庭发展能力差异性的表现所在。作为家庭日常一系列行动的组合,家庭策略旨在实现家庭成员最合理的劳动分工,和对劳动所得的福利进行最公平的分配,以使整个家庭效用的最大化,或者说是在寻求家庭资源、消费需求和替代性生产活动方式之间的动态平衡。

第一,福利分配不仅表现为即期对劳动力和资源在家庭内部的分配选择,也包含了现在消费与将来投资之间的权衡安排。对家庭成员的福利安排,首先表现为家庭生育决策,包括生育规模、生育时间安排、性别偏好等。生育是有成本约束的,除了计划生育政策约束之外,还有养育成本与效用的比较和考虑。但是就正在经历人口转变过程的落后地区而言,将农户看做是理性的决策单位,其家庭生育决策在多大程度上是基于养育成本约束,还是出于其他家庭发展的考虑?如果将孩子质量纳入家庭禀赋的家庭人力资本禀赋范畴,那么家庭在作出生育决策的过程中,是否会考虑到投资家庭人力资本禀赋以实现家庭发展的需求呢?包括计划生育利益导向政策在内的公共家庭政策,又该如何满足家庭的发展需求呢?

另一家庭福利分配是子女教育决策。在资源稀缺的情况下,多子女家庭不仅面临着如何对每一个孩子作出恰当的教育投资的选择,而且也面临如何在几个孩子之间分配稀缺资源的选择问题(Singh,Squire and Strauss,1986)。但偏偏这一投资所付出的成本，需要在将来得到收益，中间有几年甚至十几年的间隔①。因此教育投资是在人力资本积累和财富积累规则约束下，考虑到整个生命周期的效用最大化，在对生命周期"折现"后作出的决策。那么当家庭资源不能保证每个孩子的教育需求时，又该如何进行分配呢？子女规模、性别偏好在这时都会产生影响作用，而这又和起初的生育决策相关联。计划生育利益导向政策不仅影响了当时的生育决策，也在几年后对家庭教育决策起到重要作用。

其次，家庭策略的另一方面是"劳动分工"，直观表现为农户家庭成员的劳动供给，就家庭整体而言，体现为劳动供给方式的选择，纯农业、兼业或者纯非农就业。家庭劳动供给的多元化业已成为农户实现经济收入的重要方式，也是其抵御风险的理性选择。而其中受到工业化、城镇化的影响，外出务工是农户非农就业的主要方式。家庭所拥有的禀赋资源、家庭当前结构与任务，以及家庭其他发展策略都成为农户是否派家庭成员外出务工，以及派哪位家庭成员外出的决定因素。而反过来，务工的经历也影响了家庭以及其他家庭成员的发展，帮助家庭发展积累了禀赋资源从而达到投资策略的门槛、提升了家庭整体人力资本水平，等等。

就家庭内部劳动分工决策而言，家庭劳动供给也体现为家庭内部人员劳动分配与劳动时间的安排，反映了夫妻关系、代际关系的转变。西方传统福利国家将性别关系纳入基本逻辑，也就是男性外出务工、女性居家照料的分二模式。可见家庭内部劳动分工决策，是家庭政策制定的重要基础。除此之外，劳动与闲暇对家庭的发展同等重要，闲暇时间的安排往往成为家庭发展差异性的关键因素，也体现了家庭发展的阶段性。

基于家庭发展能力理论框架，和家庭决策包含"劳动分工"与"福利分配"两个维度的这一思路，本书共有八章内容：

第一章，引言。给出本研究的逻辑基础：在面对经济社会发展外力冲击和家庭人口结构内在演变时，家庭是具有发展内力和社会应变性的；以及家庭政策应以家庭需求为政策制定的假设条件，基于家庭发展需求基础上。并提出研究脉络："家庭公共政策"、"家庭策略应对"、"家庭发展"。

第二章，分析"家庭发展能力"这一核心概念，将其分为家庭禀赋、家庭功能和家庭策略三个维度。本研究以西部地区农户（甘肃省、宁夏回族自治区）为样本，归纳当前西部农户家庭发展能力状况与发展需求。

---

① 早期的模型是一个单期教育决策模型，如 King & Lillard（1983），没有考虑投资与收益的间隔期。后来的学者提出跨期家庭教育决策模型（Mason, 1995）。

如果第二章为"截面"分析的话，第三章则可看作是对家庭发展过程的追溯。将调研时的所有家庭按照生命周期阶段进行划分，一方面据此发现西部农户家庭发展的阶段演变，另外也体现了"发展"的视角。处于不同生命周期阶段的家庭，其发展能力和发展需求都不尽相同，而忽略了这一点，家庭政策也难以得到有效实施。

第四章和第五章属于家庭策略研究中"福利分配"的部分，该部分的研究基于"家庭在福利分配时会比较这一决策的成本约束与效应获得"的基本假设，具体包括家庭生育策略和子女教育策略两部分，共同构成家庭子女数量——质量间替代关系的两个不同方向。两大家庭决策是紧密相关的，一方面，家庭在生育决策时，势必会考虑将来教育成本与回报，虽然那是几年甚至十几年之后的预期；另一方面，家庭教育决策也自然受到家庭已有子女规模、性别结构的影响，这是几年前家庭生育决策的结果。

第四章旨在回答：西部农户的生育决策中是否存在孩子质量对数量的替代关系，或者说通过提高教育投资是否会起到降低家庭生育意愿的作用？家庭是否存在性别偏好？"少生快富工程"作为西部农村计划生育利益导向政策，直接影响了家庭的生育决策。研究发现，西部农户现阶段生育决策中收入效应超过了替代效应，而占据主导地位。子女质量提高没有形成对孩子数量的挤压替代。

第五章，进一步分析微观家庭内部的"福利分配"另一部分——教育决策，这一章也是对第三章的另一方向的分析，研究家庭中孩子数量对孩子质量决策的影响，或者说孩子数量的变化是否会影响家庭对子女的教育投资规模，以及教育投资在子女间的分配，这里的宏观公共政策考虑的是义务教育制度。通过研究发现，当家庭收入提高时，家庭更倾向于子女教育投资。家中孩子数量的增加会显著挤占孩子质量的投资。

第六章和第七章属于家庭策略研究中"劳动分工"这一部分。这里的劳动分工除了对农村宏观上家庭劳动力参与情况（纯农业户、兼业户、纯非农业户）的分类分析，还表现为微观家庭内部的劳动力分配决策，由谁进行农业劳动？由谁外出打工？以及更进一步的时间分配情况，如劳动力市场参与和闲暇的安排等。

第六章是对全国农户劳动参与的总体描述和纯农业、纯非农业、兼业三种劳动参与形式农户的比较分析。为进一步分析农户非农劳动参与的影响因素，本章中将非农部门分为个体或私企劳动部门、种植业或林业部门、禽畜或水产品部门三类，以比较各个非农劳动部门在个体人力资本储备、家庭禀赋条件、地区发展状况等方面的差异性。旨在回答什么样的农户会参与非农劳动？会参与哪种非农劳动部门？

受到哪些因素的影响？

第七章进一步专门分析了农户非农劳动的主要形式——外出务工决策的作出过程。"打工经济"早已成为农村家庭发展的主要选择，而"民工潮"、"民工荒"、"农民工回流"等这些也一直都是学者们关注的热点话题。对农户家庭而言，最直接的影响便是家庭收入逐渐提高，家庭结构和功能却日益不完整，家庭生育策略、养老策略的不断随之调整，农户家庭发展能力处于亦喜亦忧的境况之中。

二、研究所用数据

本书研究所使用的微观数据主要是来自于中南财经政法大学杨云彦教授承接主持的国家社会科学重大项目课题"完善人口和计划生育利益导向政策体系研究"的一个系列调研。本研究相关数据源于2015年7月至8月在甘肃、宁夏进行的关于"公共政策与家庭计生"为主题的调研。采访对象设定为农村家庭中15~59岁已婚育龄妇女。

调研通过访谈及问卷调查的方式对受访者的人口家庭信息、家庭生计、家庭收支、社会网络、社会参与和公共政策等四个方面进行采访，收集甘肃省有效样本数据679份（广河县327份，和政县352份），宁夏回族自治区（泾源县）349份，共收集总体样本1028份。

调研采用多阶段分层抽样方法。第一阶段，在农户家庭比较集中且有一定代表性的地区：甘肃的临夏地区与宁夏的西海固地区，根据经济发展状况，在经济相对落后的县区里随机抽取了三个县。甘肃省抽取了广河县与和政县，宁夏回族自治区抽取了泾源县。第二阶段，从所抽取的县中按照农民人均纯收入排列，分为三组：高等收入组、中等收入组和低等收入组。在三组中随机各抽取1个乡镇。第三阶段，从所选乡镇中按照农民人均收入各随机选取两个村。

第二章　家庭发展能力：禀赋、功能与策略

第一节　家庭发展能力的提出与发展

一、我国"家庭发展能力"的提出

改革开放以来，我国取得的经济发展成果显著，但片面强调经济总量，忽视了对"人"的发展，带来诸如社会差距拉大、发展机会不均等、社会矛盾激化、社会不稳定等问题。政策制定者和研究者们越来越认识到，经济发展的最终目标是实现人的全面发展，增进全人类的福祉。

"穷人的经济学家"阿玛蒂亚·森提出了以人为中心的发展观，认为："发展是涉及经济、政治、社会、价值观念等诸多方面的一个综合过程，它意味着消除贫困、人身束缚、各种歧视压迫、缺乏法治权利和社会保障的状况，从而提高人们按照自己的意愿来生活的能力。发展的目的不仅在于增加人的商品消费数量，更重要的是在于使人们获得能力，发展就是扩展人们的这种能力。"① 从而提出了"人的发展"的概念。

而人是生活在家庭之中的，家庭是社会的基本单位，也是个人生存发展的微观环境。我国自改革开放以来，生产要素流动加快，尤其体现在劳动力流动上。农村劳动力向城市流动，农村家庭的稳定性受到冲击，传统家庭成员劳动分工模式、代际赡养与抚育模式也都随之改变，对农村家庭发展产生了重大影响。另一方面，计划生育国策的实施实现了人口增长模式的转变，家庭规模缩小，家庭结构和家庭功能都发生变化。家庭结构的不完善、家庭功能的缺失、家庭保障政策的不完备，使得在这一社会转型期，农村低收入家庭在其生命周期的每一阶段，都面临家庭保障不能满足家庭发展的多元化需求的困境。由此便产生了在理论界和政策制定中对

---

① 阿玛蒂亚·森. 以自由看待发展 [M]. 北京：中国人民大学出版社，2002.

"家庭发展"的思考和研究。

家庭发展是一个综合概念，不仅仅包括家庭规模、结构和相关功能的变迁，而且和家庭经济水平、家庭资产状况以及家庭可能的策略选择有着密切的联系。十二五规划纲要提出"完善计划生育家庭有限优惠政策体系，提高家庭发展能力"①。国内学者也日益关注如何提升家庭发展能力，确保家庭功能正常发挥，促家庭在满足家庭成员发展需要以及发挥其应有的社会功能等方面发挥作用。

张秀兰、徐月宾（2003）在国内较早界定了"发展型家庭政策"的概念，认为：当代西方发达国家的社会政策正在经历一个改革的过程，在这一改革过程中，家庭对经济和社会发展的作用重新受到重视，因而许多社会政策转向了对家庭的支持和投资，在这种趋势下形成的家庭政策，称为"发展型家庭政策"。徐勇德（2002）从福利角度对"发展型家庭政策"的内容进行了细分，认为"发展型家庭政策"包括：经济或实物援助、辅导服务、家务助理或辅助服务、家庭生活教育、家庭暴力伤害者的庇护服务、破裂婚姻调节服务、保护儿童服务。

吴帆、李建民（2012）认为，家庭发展能力即家庭依据所获取的资源条件来满足所有家庭成员生活发展需求的能力。具体包括经济能力、保障与支持能力、学习能力、社会交往能力、风险应对能力。上述五个方面的能力彼此之间是相互联系、相互促进的关系。在家庭发展能力结构体系中，任一方面能力的缺失或是弱化都会影响家庭发展能力的整体功能。上海市闵行区人口和计划生育委员会课题组（2013）结合生命周期理论等将家庭发展能力定义为通过家庭功能的不断升级来满足家庭成员的发展需求，并实现家庭自身稳定和生命周期可持续演进的所有方法手段总和。石智雷（2014）指出家庭发展能力是家庭根据其所处的阶段及目标，基于家庭禀赋、家庭策略及家庭发展权利来提高生活水平，同时会受到家庭的禀赋状况、政策体制等因素的影响。与强调家庭对社会、家庭成员的作用的家庭功能不同，家庭发展能力强调的是家庭成员利用所有的资源来实现家庭的可持续发展的能力。

家庭发展能力即家庭依靠自身拥有的资源、权利，在满足家庭成员合理需求的同时增强家庭自身的功能，维持家庭稳定促进家庭发展的能力。另外，家庭发展能力还体现为一种承受外力冲击和损失的潜能，涉及家庭承受、应付、抵抗外力冲击风险以及从这些影响中得以恢复的能力。

---

① 中华人民共和国国民经济和社会发展第十二个五年规划纲要 [EB/OL]. http://news.xinhuanet.com/politics/2011-03/16/c_121193916_22.html.

二、家庭发展能力的内涵与维度

对家庭发展能力的概念界定不同,其划分的家庭发展能力维度也有差异。上海市闵行区人口和计划生育委员会课题组(2013)综合"幸福指数"、"人类发展指数",将家庭发展能力划分为:生活供给(提供基本生活需要)、优生优育、健康长寿(纵向延伸及可持续发展范畴)、接受教育(含国民教育和技能培训)、劳动致富、抵御风险(包括内外部风险)及资源整合(内外部资源)七个维度。石智雷(2014)在计划生育政策对家庭发展能力影响的研究中,将家庭发展能力划分为家庭功能、家庭禀赋及家庭策略三个维度,如图2-1所示。

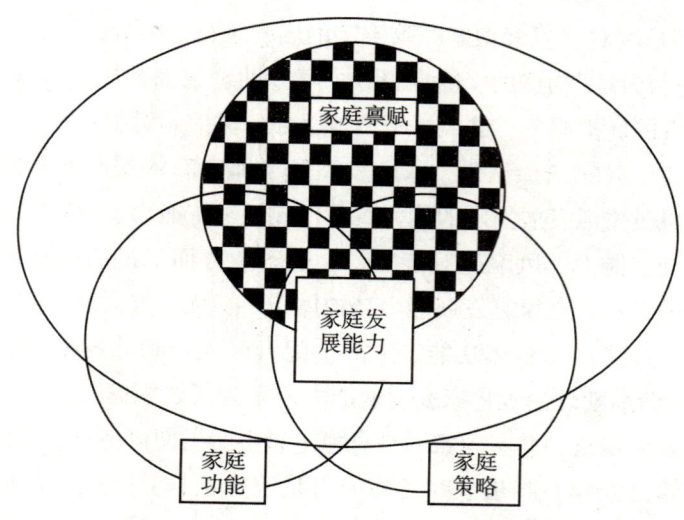

图 2-1 家庭发展能力三个维度关系图

家庭发展能力是一个抽象的概念,将其划分具体的维度不仅有利于更直观具体地对家庭发展能力进行评述,也为制定提高家庭发展能力的政策方针提供条件。不同学者对家庭发展能力维度的划分不同,源于其对家庭发展能力的概念界定差异,但都是基于家庭自身的资源要素以及生存发展需求来划分的。基于现有文献对家庭发展能力维度的研究,以及考虑本文的研究需要,这里将家庭发展能力划分为家庭禀赋、家庭功能和家庭策略三个维度。

(一)家庭禀赋

经济学中"禀赋"(endowment)是指,社会大生产的机器、厂房、原材料等物质生产资料和作为经济活动主体的劳动力①。Becker & Tomes（1979）认为，"禀赋"包括一个家庭的社会阶层、宗教种族、文化、基因结构、家庭声望、社会网络，以及通过特殊家庭文化而获得的知识、技能、目标和其他"家庭物品"。

家庭禀赋的概念，常常和家庭资本联系起来。杨云彦、石智雷（2012）认为家庭禀赋包括人力资本（对家庭成员的教育培训而得到的知识技能）、社会资本（家庭的社会地位所带来的资源）、自然资本（可供家庭开发的自然资源）、经济资本（是其他资本的基础）等，是家庭拥有选择机会、选取发展策略和应对风险环境的基础。其中，家庭人力资本投资是提高家庭发展能力最具有前瞻性的方式，包括教育投资（正规学校教育）、医疗卫生保健投资（维持、提高身心健康及预防疾病）、迁移投资（家庭居住地与工作的转换）等。家庭社会资本是指所有家庭成员内部因为血缘和亲缘关系而组建的一种互惠互利关系体系。包含了亲子关系以及其他亲属间的关系网（姜又春，2007）。家庭社会资本作为家庭禀赋的组成因素，其在提高家庭发展能力的作用体现在，除了家庭自身的资源条件外还借助家庭外部关系来克服家庭在社会转型中遇到的新难题。

孔祥智（2004）将家庭禀赋定义为家庭成员及整个家庭所拥有的包括所有的及其后天所获得的资源和能力，包括成员受教育程度、个人经历、社会网络、资源可得性和家庭经营规模、地理位置、经济环境等。

家庭禀赋是家庭拥有的资源要素，是制定实施家庭策略以及确保家庭功能正常发挥的物质基础，也是提高家庭发展能力的前提条件（石智雷，2013），是对家庭发展机会的把握及开展的一系列活动的组合。

（二）家庭功能

家庭功能是一个历史范畴，会不断随着社会发展而变化。家庭功能演变的最直接体现，便是家庭结构的变迁。

西方发达国家在20世纪90年代开始以旨在增强家庭功能的社会政策改革，西方学者对家庭功能的研究也由此展开。学者们从各自研究角度对家庭功能进行了界定。

易发健（1997）认为，家庭功能基本体现在3个方面：家庭的组织功能、协调功能和互动功能，家庭功能的健全与否直接影响着家庭成员之间的关系。而在丁文（1998）的定义中除了家庭适应环境的需要之外，又增加了"改变环境"的功

---

① 古典经济学中的比较优势理论就是根据各国拥有的资源禀赋的丰裕程度，建立了基于要素禀赋比较优势的国际贸易分工理论。

能。Olson（2000）认为家庭功能包括满足家庭系统中家庭成员的心理沟通的需要以及对外抵抗风险的能力两个维度；Miller & Ryan et al.（2000）将家庭功能界定为，家庭在满足家庭成员的生理、心理、生活发展等方面需求的能力和作用，为家庭成员的发展提供条件与支持。

Beavers 和 Hampson（2000）的考察维度为家庭成员交往质量、家庭亲密度、家庭关系结构反应灵活性和适应性。McMaster 等人提出的家庭功能模式理论假设家庭功能可以从情感反应能力、家庭义务完成度、问题解决能力、沟通、亲密程度和行为控制六个方面衡量。

杨菊华、何炤华（2014）认为家庭功能包含了经济功能、政治功能、教育功能、文化娱乐功能等多个方面。家庭的发展和社会的正常运行都需要家庭功能的正常运作。

（三）家庭策略

家庭策略的概念源自对西方家庭史的研究，是为了更全面掌握家庭在工业化过程中的地位，研究家庭面临新的外部条件时的决策过程（樊欢欢，2000）。或者说，家庭策略就是家庭及其成员的决策过程和时机，如何时让孩子离家谋生，何时更换住所，何时控制家庭规模，实施节育措施等。

一般认为，家庭策略包含家庭对资源配置和经营活动的决策行为，具体涵盖了家庭发展的整个生命周期中生育、生产、消费、投资、养老等策略。

早期对家庭策略的研究，基于对具体事件的归纳，以发现家庭在面对各种"变故"时的应对策略。如利用个人日记、信件等。

之后对家庭策略的研究逐渐深入和细致，涵盖的家庭决策也更全面。如对家庭生计策略的研究，有学者认为，生计策略是家庭实施其他家庭策略的前提和基础。Chambers 将生计策略定义为家庭依靠资源条件进行相应的生产活动来提高收入、促进家庭发展的策略选择。但要实现这一生计策略，须得家庭自身拥有一定资源禀赋。另外，家庭养老策略也是研究的热点。在中国社会中，人们多持有"养儿防老"的观念，儿女对老人有赡养义务。这种养老策略对家庭的影响，即父母为了以后得到更好的养老保障会倾向于对孩子提供更好的教育，这不仅有利于家庭养老方式更好地产生作用，也会影响到人力资本积累和经济发展（郭庆旺，2007）。至于投资策略，陈莹（2014）在家庭生命周期与背景风险对家庭资产配置的研究中发现我国居民的资产配置具有生命周期特征，65岁以前人们偏好投资各种风险资产，而65岁之后则更偏好基金及理财投资等。而且性别、婚姻状况、教育水平、收入水平等因素也会影响到家庭的投资策略。

代际关系也开始加入到家庭策略的研究中来。狄金华、韦宏耀等（2014）在研究农村子女的家庭禀赋与赡养行为之间的关系时发现：农村子女家庭禀赋越丰富，其对父母经济支持的频率越高，对父母精神慰藉的频率也有一定的正向影响，但是对父母生活照料的频率几乎没有影响。由此可以认为家庭禀赋本身所具有的承载功能、养育功能和资源功能，已转化成为居民的最低生活保障、养老保障、医疗保障和失业保障。

与家庭相关的社会政策、社会规范一直都是研究家庭策略的背景和主要影响因素。如杨雪（2010）以日本横滨市的一个家庭为例，探究了日本赡养老年父母过程中的家庭策略，得出，在日本由传统的长子同居赡养为主向多种赡养方式并存的家庭策略的转变，有助于提高赡养老年父母的积极性。

三、社会转型期家庭的变化

改革开放几十年来我国社会经历着巨大的变革，加之计划生育的实施对我国的家庭发展产生了深刻的影响。具体到家庭层面上表现在家庭类型多样化、家庭规模小型化、传统家庭职能转变以及家庭观念的变迁等一系列演变。

（一）家庭类型多样化

随着经济社会的变迁，新型多样化的家庭类型展现在社会舞台，目前有核心家庭、丁克家庭、空巢家庭、单亲家庭、重组家庭和单身家庭等。总的来说，我国的家庭形式比较稳定，核心家庭仍然在家庭结构类型中占主体地位，尽管单身家庭、直系家庭和一对夫妇家庭等类型的比重较小但处于上升态势（熊金才，2006；杨菊华、何炤华，2014；周福林，2014）。家庭类型的多样化是传统家庭两性关系模式在经济生活变迁的影响下不断瓦解，新型多样化的家庭两性模式的涌现。当然，家庭类型的多样化也对保障体系提出了社会化和多元化的需求，比如在单身家庭、单亲家庭以及空巢家庭等特殊家庭中，除了医疗、养老、就业等直接问题外，还有心理问题及健康关怀等家庭需求。

（二）家庭规模小型化

"多代同堂"、"多子多福"的大家庭是传统中国家庭结构的范式，这种家庭模式可以组织家庭生产，为家庭成员提供保障。随着社会生活多元化以及家庭类型多样化，导致了传统大家庭不断瓦解，家庭规模趋于小型化，表现为家庭人数减少，多代家庭在家庭结构的比重降低。1950年代我国家庭平均规模约为5.3人，到

1982 年为 4.43 人，2000 年降到 3.46 人，至 2010 年为 3.10 人。可凌玮、郭学贤（2003）提出，由一个核心家庭和两个空巢家庭组成的"四二一"家庭模式为家庭规模小型化结构奠定了基本模式，而且个人利益和自我意识的增强使得单身生活、二人世界及丁克家庭不断兴盛，最后老年"空巢"家庭也成为小型化家庭群体的组成部分。杨菊华、何炤华（2014）认为由于宏观层面的结构性要素与微观层面的家庭行为的不兼容性，即使生育政策进一步放宽，中国的家庭规模也将持续变小。

（三）家庭职能转变

现代家庭职能包含了经济生产、生育教养、养老保障、性爱情感等方面。随着社会的转型，家庭职能也在发生变化，家庭不再完全承担也无法承担部分保障功能。杨菊华、何炤华（2014）认为家庭职能的转变表现在：一是家庭职能社会化，公共服务业取代或是与家庭一起承担部分家庭职能；二是生育职能异化，家庭生育受到公共制度的影响；三是教养职能弱化，影响了子代获取基本生活技能的机会；四是赡养功能削弱（生活照顾能力降低，情感呵护职能削弱，经济重心变化）。可凌玮和郭学贤（2003）也指出，家庭职能的转变体现在家庭职能的外移（当今家庭不可能完全凭借自身资源来完成教养、生产、赡养等职能）以及家庭情感增强（家庭生产、养育职能外移使得家庭性爱、情感职能增强）。

1. 家庭观念变迁

改革开放带来的社会经济变迁使得婚姻家庭观念发生巨大变化，如婚前同居行为增加、晚婚晚育大受欢迎、两性关系中更加注重平等意识、亲子关系及其代际关系的转变（可凌玮、郭学贤，2003）。熊金才（2006）认为家庭婚姻观念的淡化体现在结婚率不断降低、离婚率持续增长以及婚姻对性关系的约束减弱。孟宪范指出经济理性对家庭核心价值的冲击，对农村家庭的影响表现在侵损家庭的根本价值观，农村部分青年追求个人利益而不知感恩回报长辈；农村家长权威降低，原因在于年轻人收入及教育高于父母、市场化影响、年轻人更注重夫妻感情以及农村文化的影响；道德沦丧，部分地区晚辈对长辈的态度甚至是人伦丧失（孟宪范，2008）。

2. 家庭权力结构的变化

社会转型中给家庭的经济基础带来了冲击，也引起了家庭成员间关系的转变。随着女性的受教育水平和经济能力的提升，传统的家庭关系模式由亲子关系为中心逐渐向夫妻关系为中心转变（杨善华，1994）。同时现代家庭中，尤其是城市家庭，夫妻双方通常都有自己的工作，传统的"男主外，女主内"的格局失去基础，这种情况下使得家庭中男女地位趋向平等而不是以前妻子从属丈夫的格局（杨善华、沈崇麟，2000）。家庭的权力结构变化除了夫妻间权力的转移还有父子间的权力变化。当代年轻人的经济能力、信息获取能力以及政治意识等的提升使得成年子女在家庭中有更多的话语权，而且在子女的意识中，夫妻关系的重要性也逐渐超越父子关系。

3. 家庭亲属关系的变动

传统中国是一个宗族关系浓厚的社会，这是传统社会的政治、经济、文化共同作用的结果。在社会转型中，随着家庭规模及家庭类型等的转变，亲属关系也发生了变化。中国城市的核心家庭并没有散落成各自独立的部分，而是通过各种经济与非经济、物质与非物质的关系组成了亲属网络。但是这种网络不是传统的那样自上而下地控制核心家庭，而是自下而上承托这核心家庭（马春华，2011）。陈熙（2014）总结了亲属关系发生了三个变化：一是家族对个人控制大为减弱；二是女方的姻亲关系与宗亲关系地位并重，而不是过去的从属地位；三是利益因素超越血缘、姻亲因素来衡量亲属关系的亲疏。

第二节 西部农户的家庭结构

在对西部农户的抽样调查中，我们发现当地的家庭结构呈现出与城市或者发达地区农村所不同的特征，家庭观念更浓厚，家庭组织形式更加传统，家庭内部性别分工模式更明晰，家庭人口结构转变尚未完成。对西部农户家庭结构的分析，有助于我们对当地家庭一系列决策的合理解释，并就如何提高家庭发展能力提出更有针对性的政策建议。

一、受访者与配偶的比较描述

家庭结构中最基本的即为夫妻关系间的结构关系，包括年龄、受教育程度、劳动力市场参与分工等。

（一）受访者与配偶年龄结构：丈夫普遍比妻子年龄大

总体样本中受访者年龄最大为 64 岁，年龄最小为 16 岁，众数为 30 岁，中值为 37 岁，平均年龄 37.07 岁。将受访者年龄按每 10 岁一组进行分组（如表 2-1 和图 2-2 所示），占比最多为 36~45 岁年龄组（37.0%），其次为 26~35 岁，占比

第二章 家庭发展能力：禀赋、功能与策略

34.5%，受访者年龄数据大体呈正态分布。此次调研抽样是比较理想的。

表2-1 受访者年龄分布表

		频率	百分比（%）	有效百分比（%）	累积百分比（%）
分组	16~25岁	104	10.1	10.1	10.1
	26~35岁	355	34.5	34.5	44.6
	36~45岁	380	37.0	37.0	81.6
	46~55岁	174	16.9	16.9	98.5
	56~65岁	15	1.5	1.5	100.0
	合计	1028	100.0	100.0	

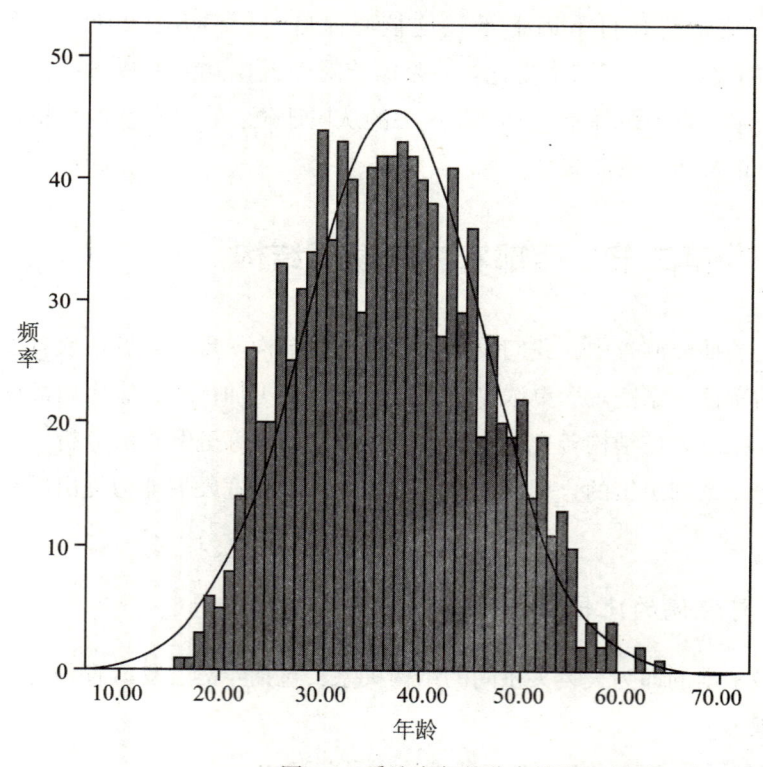

图2-2 受访者年龄分布情况直方图

家庭中丈夫年龄普遍比妻子大。在婚姻状态为"已婚"的家庭样本中，丈夫与妻子年龄差介于[-11岁，19岁]，平均年龄差为2.58岁。如图2-3所示。

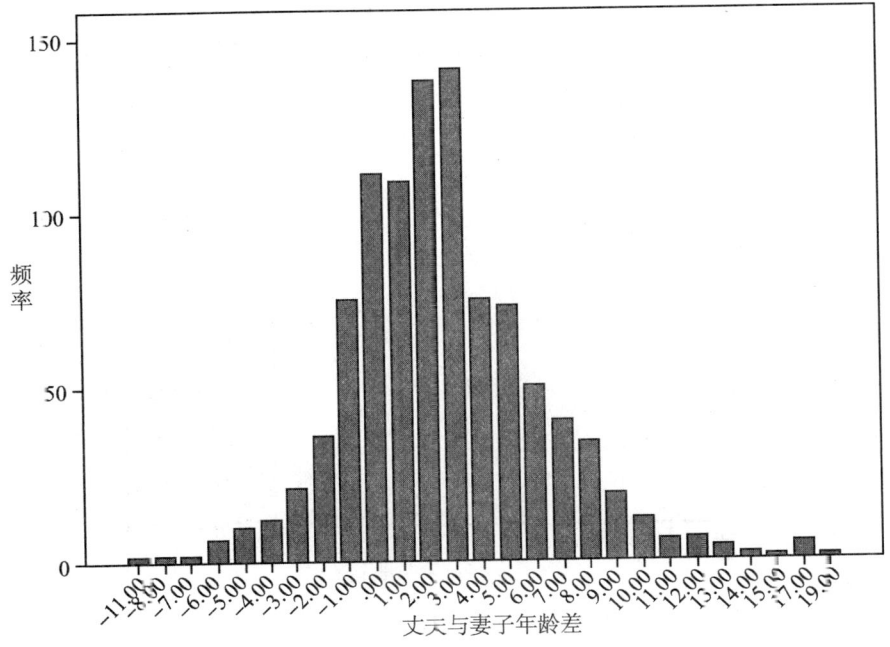

图 2-3 丈夫与妻子年龄差分布图

(二) 受访者与配偶的受教育程度:"妻子"的受教育水平极低

调研地区受访者的受教育程度普遍非常低,反映了当地女性在人力资本上的劣势。受访者的文化程度占比最多为文盲水平,占比 59.9%;其次为小学文化水平,占比 28.8%;初中文化程度占到 8.6%;高中及以上文化程度人数非常少,累计占比 2.8%。如图 2-4 所示。

配偶的文化程度明显高于受访者(已婚妇女)。44.18%的男性受教育水平为小学教育水平;其次为文盲,占比 29.98%;初中文化程度更少,占比 18.64%。如图 2-5 所示。受访者配偶(丈夫)中高中及以上文化程度人数占比虽不多,但明显比受访者(已婚妇女)受教育程度要高。

(三) 受访者与配偶的工作状况①:"妻子"非农劳动参与非常少

受访者参与非农劳动的非常少。工作状况以纯农业劳动占据最大比例,为

---

① 在调研问卷中有询问到受访者当前的工作或就学状态,包括:①政府公务人员或行政事业单位人员;②企业管理人员;③私人企业主(雇人);④专业技术人员或技术工人;⑤个体工商户(不雇人);⑥商业、服务业人员;⑦一般工人;⑧个体养殖户;⑨务农;⑩兼业人员;⑪村干部;⑫料理家务;⑬丧失劳动能力者;⑭退休;⑮婴幼儿;⑯上学;⑰其他。

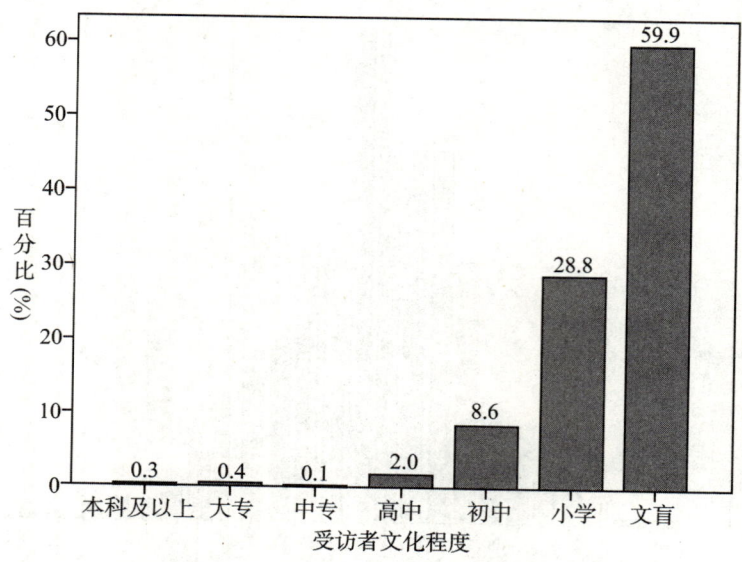

图 2-4 受访者受教育程度直方图

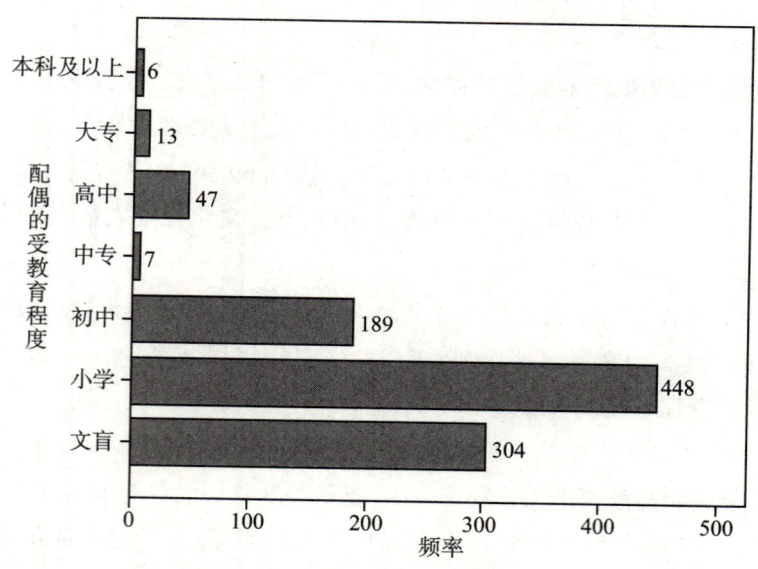

图 2-5 受访者配偶的受教育程度直方图

64.09%；其次为料理家务，占 12.52%；再者为个体工商户（不雇人）和一般工人，分别占比 5.4%、5.2%；政府公务人员或行政事业单位人员和村干部占比较低，分别为 0.8%、1.2%。

而受访者配偶虽然纯农业劳动仍为最大比例（32.52%），但非农劳动参与明显更充分，就业状况为"一般工人"的占 25.10%，为"个体工商户（不雇人）"的占比 9.38%；政府公务人员或行政事业单位人员、村干部占比较低，分别为 1.6%、1.9%。可知仍表现出就业层次较低的特征。

从受访者和受访者配偶当前工作或就业状况分析中可以发现，调研地区家庭谋生大体为"男主外、女主内"的家庭生活模式，且该地区纯农业劳动者众多，主要以出售农作物作为家庭经济来源。

二、西部农户的家庭结构状况

（一）家庭规模平均较高

从调研数据来看，西部调研农户的平均家庭规模为 5.17 人/户，而尤以四口人（31.8%）、五口人（22.9%）和六口人（24%）占绝大多数比例。按家庭类型来分，核心家庭平均规模为 4.00 人/户；主干家庭平均规模为 5.58 人/户；联合家庭平均规模为 7.43 人/户。远超过第六次人口普查时的全国农村平均水平：3.34 人/户，也高于六普中甘肃农村的 3.89 人/户和宁夏农村的 4.06 人/户。

（二）以多代家庭为主，但家庭结构呈现核心化趋势

对调研中甘肃农村地区家庭户的数据分析发现，5 代人家庭只有 1 户，4 代人家庭为 31 户（2.97%），3 代人家庭 449 户（44.46%），2 代人家庭 524 户（52.08%），1 代人家庭 4 户。

从近 20 年抽样调查的数据趋势来看，甘肃省全省的家庭户规模呈现：一人户、二人户比例上升，三人户比较平稳，四人户、五人户比例加大幅度下降的趋势。为找到西部地区农户家庭结构特征，特将其与东部地区代表的江苏省进行比较，发现：整体变化趋势基本一致，但是江苏省的两人户和三人户比重较高，而四人户、五人户很少。也就是说，虽然西部农村家庭规模呈逐渐核心化趋势，但和东部地区相比，家庭规模更大、多代家庭更多，家庭结构更加传统化。如图 2-6 和图 2-7 所示。

（三）家庭规模随年代而逐渐缩小

将被访谈者的年龄进行细分，发现随年代家庭呈现小型化趋势。80 后、90 后的兄弟姐妹数大约为 4 人；70 后的兄弟姐妹数约为 4.6 人；60 后的兄弟姐妹数约为 5 人；50 后的兄弟姐妹数约为 4.4 人。由表可见，20 世纪 90 年代的年轻人的兄弟姐妹数比其父母辈的兄弟姐妹数少约一人；其父母辈的兄弟姐妹数比祖父母辈的

第二章　家庭发展能力：禀赋、功能与策略

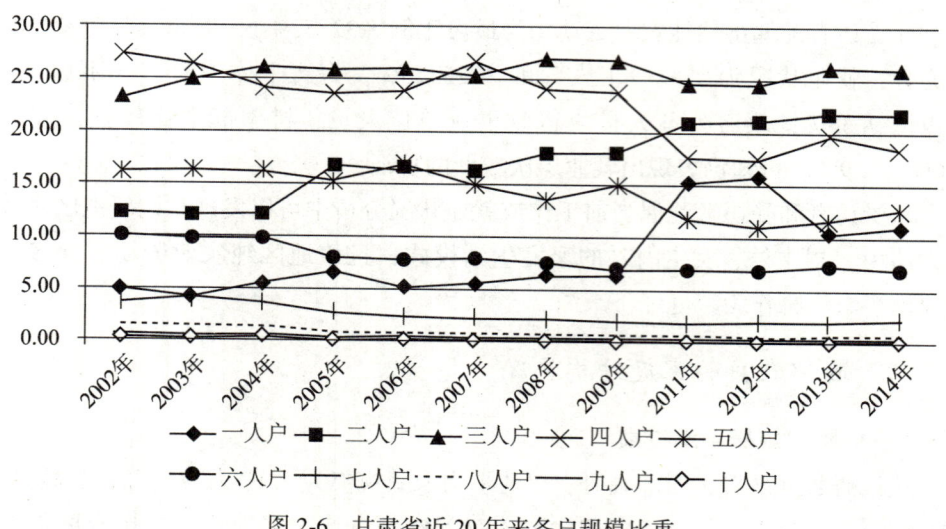

图2-6　甘肃省近20年来各户规模比重

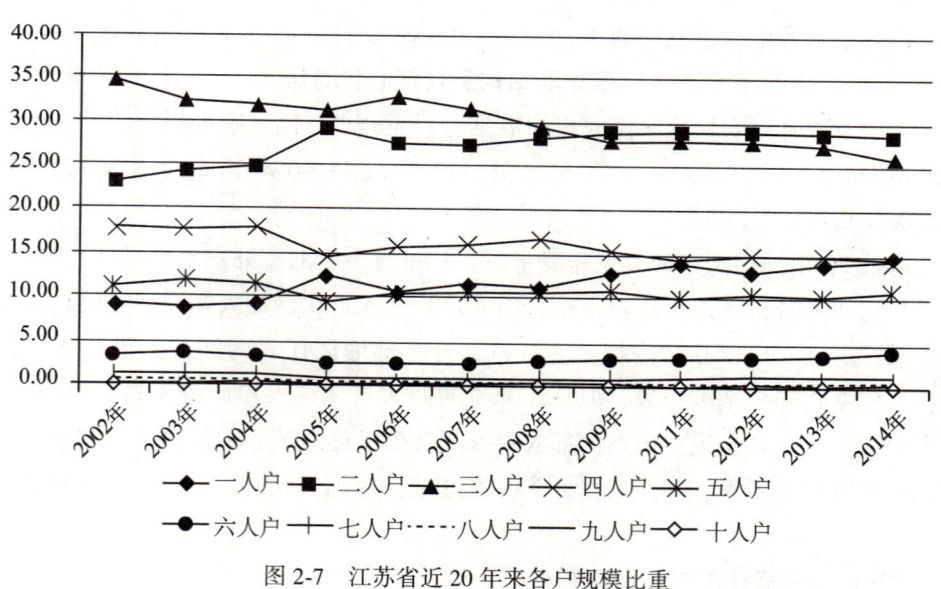

图2-7　江苏省近20年来各户规模比重

兄弟姐妹数多约一人。如表2-2所示。

22

表 2-2 各年龄段家庭规模均值表

受访者所处年龄段	受访者的兄弟姐妹数	受访者爱人的兄弟姐妹数	受访者父亲的兄弟姐妹数	受访者母亲的兄弟姐妹数
15~24 岁	3.82	3.54	4.58	4.91
25~34 岁	3.92	3.94	4.47	4.93
35~44 岁	4.58	4.67	4.45	4.53
45~54 岁	5.22	4.81	4.29	4.34
55~64 岁	4.36	4.76	3.54	3.79
总计	4.42	4.37	4.41	4.64

第三节 西部农村家庭保障功能的需求与实现

传统农村社会中，自给自足的自然条件下存在的以血缘关系、地缘关系为基础的家庭亲属保障，使得家族内部成为一个"熟人社会"。成员依赖于传统道德规范和家庭伦理实现彼此交往和有效监督，家庭成为成员发展的坚实稳定的保障，"养儿防老"、"尊老爱幼"等观念保证了家庭结构完整和家庭功能健全。此时的家庭功能是全方位的。

工业革命是人类社会进入资本主义社会的标志，也是影响社会保障制度发展、家庭结构功能变迁的标志性事件。一方面，工业社会中社会风险常态化、多样化，社会分工精细化，使得社会保障功能取代家庭保障功能成为可能。生产力水平的提升和社会剩余产品的增加，更为社会化保障提供了物质条件。同时，社会化大生产中的风险、失业、贫富差距等社会问题也超越了家庭的处理边界，亟需社会的保障力量。另一方面，家庭功能也在逐渐弱化。工业化阶段的工场承担了家庭的生产功能，家庭经济基础的丧失使其保障能力减弱；与工业化相伴而生的城市化以及由此引发的人口流动，家庭结构的小型化、核心化，生育率降低，也冲击了家庭的养老、生育、医疗等保障功能。家庭在这一系列背景下，逐渐从保障的施予者转变为保障的接受者。

在家庭功能的诸多方面中，家庭保障功能是家庭给予其成员的最基本也是最重要的功能，体现了成员对家庭的依赖，也是社会保障功能的补充。本研究重点分析家庭保障功能。

家庭对其成员的保障功能是家庭功能的重要部分。狭义的概念主要是指家庭成员为有血缘关系的老人或者小孩提供生存必需品而使其正常生存的功能。

但是就家庭而言,保障功能还有更深层次的意义。首先,一个家庭所提供的家庭保障功能的惠及者绝不仅仅包括老人及小孩等相对弱势群体,每一个家庭成员在遭遇生活困难时,都希望获得其他家庭成员的关心和爱护;其次,家庭所提供的保障功能也不仅仅局限于提供生活必需品等经济援助,还包括精神慰藉和服务支持等其他非经济功能,而这些功能伴随着时代的发展更多地凸显出来;最后,狭义的家庭保障认为家庭只以血缘关系为枢纽,这种模式不仅忽略了收养关系产生的家庭,更是强调了女性从属于男性家庭,而当今社会讲求"一夫一妻制"和"男女平等",家庭组成模式也更多地是以"一二四"模式为主,即一个小孩,一对夫妻及其四位长辈。

本研究将家庭保障界定为:家庭成员之间提供物质经济援助、精神慰藉和服务支持等保障内容的,区别于社会保障的家庭生活保障机制。因此,家庭保障功能主要从三个维度来分析,即物质经济援助、精神慰藉和服务支持。指标选择如表2-3所示。

表2-3　　　　　　　　　　家庭保障功能指标表

	第一层指标	第二层指标	具体指代
家庭保障	物质经济援助	家庭总体经济流量	家庭收入、家庭支出
		家庭固定资产拥有量	房屋主要投资建设者
		家庭经济多元化	农户闲暇时间安排
	精神慰藉	家庭结构完整度	婚姻状况(离婚或丧偶)
		家庭集体生活度	外出务工及返乡比例
		家庭娱乐活动	农户闲暇时间安排
	服务支持	家庭对子女成长关注度	子女教育支出
		家庭对老幼关注度	外出务工返乡原因调查
		家庭养老	农户自身的养老期望

一、物质经济援助

物质经济援助是家庭保障功能中最基本的功能,它提供了家庭成员生存发展的最基本需要，通过提供金钱或者物资的方式来实现家庭成员的某种需求。该功能主要体现在两方面，第一满足了家庭成员最基本的生存需要，如一日三餐解决了饮食问题，提供卧室解决睡眠问题，等等；第二是为家庭成员更好地生活发展提供了强力的经济支持，如为学习成绩不好的孩子请私人教师，为生病的老人提供良好的医疗环境，为失业在家的人报名就业培训指导班，等等。

本文中将家庭物质经济援助功能细分为三个维度：

家庭总体经济流量状况，主要通过了解农户在2014年收入以及年支出的经济流动情况，反映家庭对其成员所可能提供的经济支持；

家庭固定资产拥有量，以家庭最主要的资产——房屋为例，通过分析目前房屋是由谁主要进行投资建设，特别关注父母帮助子女建设房屋的数量及比例，反映家庭中父代对子代的经济支持，体现了代际间的经济援助；

家庭经济多元化，家庭成员的时间分配是反映家庭经济发展状况的重要角度，这里采用农户闲暇安排，来了解农户家庭内部的时间分配状况。

1. 受访者家庭收入基本满足日常所需，如图2-8所示。2014年甘肃村民家庭收入-支出调查结果显示，受访者家庭年平均收入为58766元，年平均支出为40564元。从收入-支出折线图看，76%家庭收入处于20000~79999元，86%家庭支出处于59999元以下，整体大于家庭支出，支出曲线的变动基本出现在收入曲线变动之后。

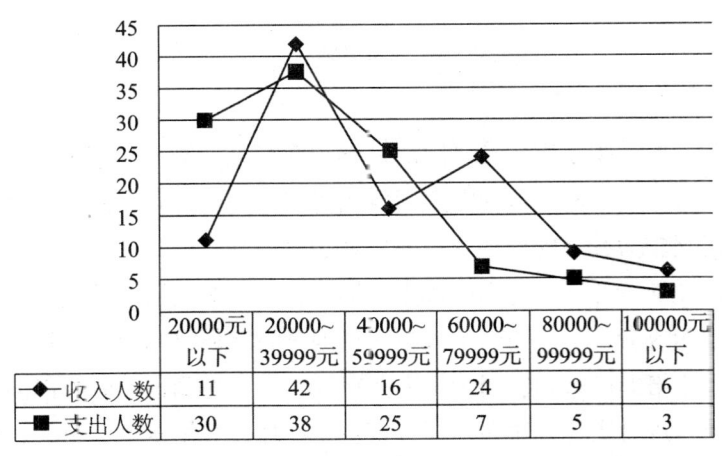

图2-8　2014年农民家庭收入-支出家庭数量折线图

2. 家庭以及父代家庭的经济援助是帮助新家庭启动发展的源动力。如表2-4所示。在房屋主要投资建设者的统计数据中,有 510 户家庭的房屋是通过自建(父母长辈提供的经济支援较少或无),其中 30 岁以下自建房屋的比重仅有 19%(98 户),这说明绝大多数自建房屋的家庭都是经过多年的积累才能自建房屋,很小一部分能够在 30 岁以前自食其力完成房屋的建设。

父母修建房屋的家庭数为 296 户,占总家庭数量的 29%,其中 30 岁以下父母修建房屋的比重超过 52%,达 155 户,与此同时,在对 30 岁以下受访者(共 306 户)的数据中发现,选择父母修建房屋方式的家庭数量排名第一,占比高达 50%,以上表明在新家庭刚刚成立时,缺乏足够的物质经济积累,因此父代家庭对子代家庭会给予一定程度的经济援助,且这段时期是父代家庭对子代家庭最主要的经济援助时期。

表 2-4　　　　　　　　不同年龄段中房屋主要投资建设者

		目前所居房屋主要投资建设者(户数)					合计
		父母修建	自建	政府援建	购入	其他	
年龄	30 岁以下	155	98	45	5	3	306
	31~40 岁	98	194	93	12	2	399
	41~50 岁	38	168	36	6	3	251
	50 岁以上	5	50	10	1	0	66

二、精神慰藉功能

精神慰藉主要是指家庭成员之间的情感沟通交流,侧重于精神层面。主要表现为三个部分。第一,家庭成员间需要形成相对统一的生活基本共识,这可以理解为家庭成员间树立较为统一的世界观、人生观和价值观,在处理家庭日常事务时,成员需要进行彼此交流并达成一致的观点;第二,在面对生活中的大悲大喜时,成员间可以进行承担或者分享,当一个人在面对困难时需要家庭成员进行疏导指点甚至仅仅充当一个合格的倾听者,当一个人获得成功或者遇到惊喜时可以向其他家庭成员马上分享或者进行庆祝,这种精神慰藉主要体现在突发事件;第三,随着经济的快速发展,在物质层面需求达到一定程度后,人们往往会重视精神层面的需求。在家庭中主要表现在生活娱乐活动中,家庭成员在娱乐活动中可以舒缓紧张工作引起的焦虑情绪,有益于身心健康和家庭和谐。总体而言,精神慰藉功能的正常运转是家庭和谐幸福快乐的前提。本文从以下三个维度对精神慰藉功能进行数据描述：

家庭结构的完整度，主要通过在法律层面已婚家庭目前的婚姻状态和丧偶家庭的比例，反映家庭对其成员在精神层面所可能获得的家庭关注和慰藉；

家庭成员集体生活度，考虑到即使家庭结构完整但家庭成员存在异居情况，因而以家庭成员外出务工情况为依据，通过分析外出务工家庭的占比以及他们最终返乡的数量比例，反映农户对于家庭或者回归家庭的期望；

家庭娱乐活动，家庭成员在闲暇时间的分配是反映家庭集体娱乐活动的重要角度，这里采用农户闲暇安排来了解农户家庭如何进行精神娱乐活动，讨论在时间自由的前提下农户所拥有的娱乐活动。

1. 是否存在离异或丧偶是了解其家庭精神慰藉情况的最客观指标，如图 2-9 所示。已婚人员的调查数据显示，99%的家庭表示过着正常的夫妻生活，只有 1%（共 11 人）的家庭为单亲家庭或成员中有离异经历的家庭。以上数据表明，绝大部分成员认可并倾向于夫妻之间相互扶持的家庭生活，夫妻之间在婚姻观、价值观等方面基本趋同，在生活中他们需要并且乐于伴侣的倾听与陪伴。

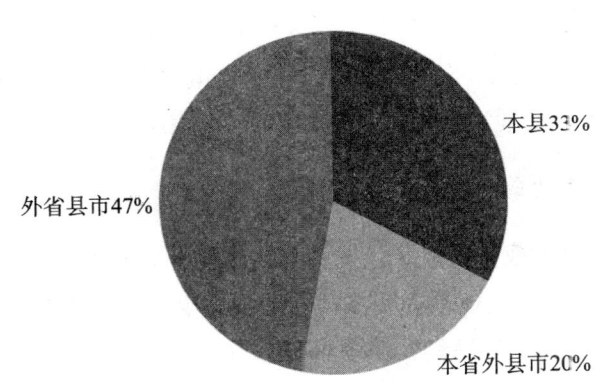

图 2-9 受访者婚姻状况比例图

2. 长期留守家庭不多，回流比例高。如表 2-5 所示。父母一方或双方有外出打工经历的家庭比重为 34%（348 户），其中目前仍然在外打工的比重仅为 4%，曾经外出但现在已经返回的比重为 30%。从年龄分布上来看，在有过外出务工经历的 348 户家庭中，主要以年龄低于 40 岁的青壮年为主，占比近 80%，超过 40 岁还在外打工的农户家庭仅占 3%，这说明外出务工已经成为当地人普遍接受的生活工作模式，但绝大多数人最终还是选择返回家乡。

表 2-5　　　　　　　　受访者外出务工情况比例表

年龄		受访者外出务工经历（户数）			合计
		有，目前正在外务工	有，已返回	无	
年龄	30 岁以下	25	113	174	312
	31~40 岁	10	129	257	396
	41~50 岁	11	54	183	248
	50 岁以上	1	5	57	63
合计		47	301	671	1019

在对外出务工人员工作所在地的调查中发现，在本县外工作的农户比例高达67%，在省外的农户比例近一半，这和当地产业发展滞后，就业机会少有关。

3. 娱乐活动较少，主要集中于家庭内部休闲。如图 2-10 所示。对当地村民空闲时间的意愿进行调查时，有 59%（共 604 人）的村民表示当农闲或者家务较少时，第一选择是与家人或邻居聊天打牌，19%（共 197 人）的村民第一选择是外出务工，不超过总家庭数的 1%（共 4 人）选择上网或打游戏；在农闲和家务较少时村民第二意愿分析中发现，当地村民有 39%（共 401 人）选择与家人或邻居打牌，有 35%（共 361 人）选择制作手工艺等副业补贴家用，有 20% 选择外出务工。

三、服务支持功能

服务支持更多地体现在儿童和老人这两类人群上。正如 Moynihan 所说，"一个民族的文明质量可以从这个民族照顾其老人的态度和方法中得到反映，而一个民族的未来则可以从这个民族照顾其儿童的态度和方法中预测。"儿童在家庭中不断成长，家庭为儿童提供上学所需要的后援保障工作，这种服务支持保障功能介于精神慰藉和物质经济援助之间，与孩子的成长又息息相关；家庭也是老人养老的地方，据北京心理危机研究与干预中心的统计显示，中国自杀率最高的群体便是老年人群，每年有 10 万以上年龄超过 55 岁的老人自杀，最主要的问题便是孤独，这也表明年轻人对于老年人的关注度不够，子女无法体会老年人面对身体机能降低、失去家庭主导权利以及无法为家庭创造更多财富的空虚和失落感，而这是家庭保障中服务支持功能所需要关注的。

考虑到夫妻扶持的复杂性以及调研数据的局限性，本文仅分析子女对老人的赡养情况和父母对子女的照料状况，包括以下四个维度：

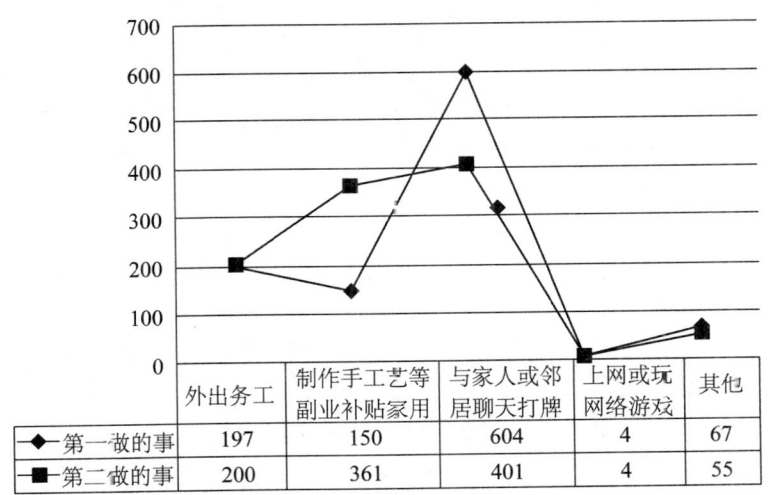

图 2-10 空余时间意愿调查折线图

家庭对子女成长的支持度，学校教育是在子女成长过程中必不可少的环节，通过了解家庭对子女接受学校教育的支出情况，反映家庭对于子女成长的关注度；

家庭对老幼的关注度，以外出务工人员返乡原因为切入点，通过调研外出务工人员为子女及年迈父母而返乡的比例，反映青壮年对于家庭养育和家庭养老的重视程度；

养老方式多样化，以受访农户对于自身未来养老的期望为分析依据，反映农户对于家庭养老的期待，进一步探索家庭在养老服务支持方面的保障作用；

家庭医疗支持，从家庭近几年为其成员的大病支出数据，来看家庭的风险保障能力。

1. 调研农户的教育支出总体不高，这和当地受教育年限较短，多为义务教育阶段有关。如图 2-11 所示。根据调查数据显示，2014 年甘肃农村家庭对子女的教育投入中，教育支出在 1000 元以下的家庭占比 38%，支出在 1000~4999 元的家庭占比 15%，支出在 5000~9999 元的家庭占比 16%，支出在 10000~14999 元的家庭占比 19%，支出在 15000~20000 元的家庭占比 8%，支出在 20000 元以上的占比 5%。

家庭对子女的教育投资也可以从辍学原因来分析。如图 2-12 所示。73%是因为经济原因而无奈辍学，因为个人不喜欢读书而主动辍学的比例仅 11%。

虽然家庭在经济上难以保证支持到位，家庭成员努力在情感上实现家庭保障。

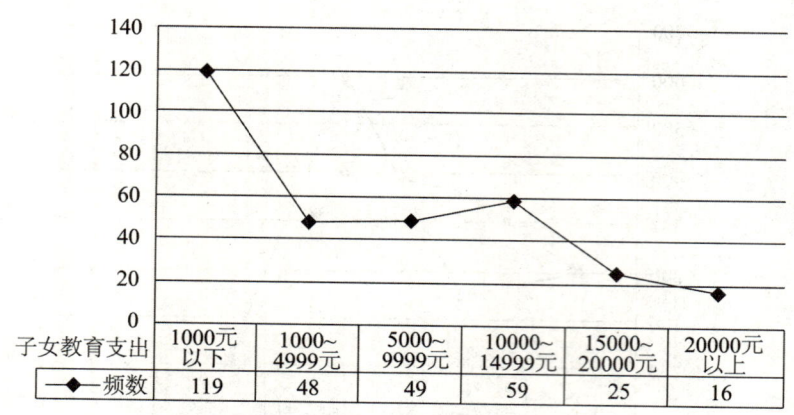

图 2-11 调研农户的子女教育支出图

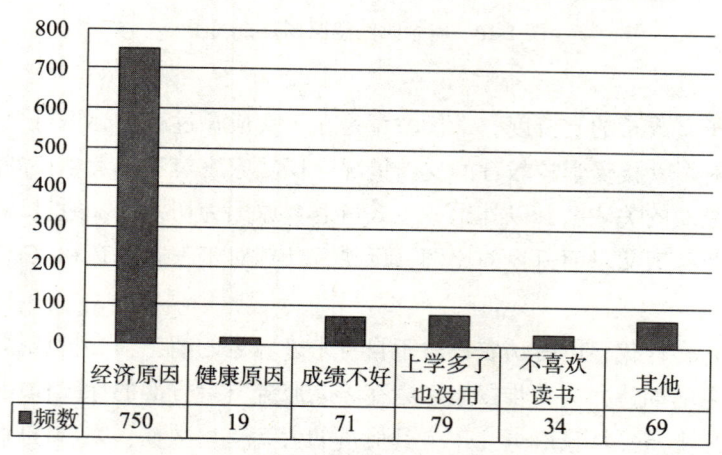

图 2-12 辍学原因分布图

在对外出务工人员返乡原因进行的分析中,我们发现,排名前三的原因分别是照料子女及老人、农忙或季节性工作、身体原因三项,其中,照料子女及老人占比 41%,如图 2-13 所示。

2. 养老是家庭服务支持功能的另一重要体现。西部农户的养老方式较单一,仍以家庭养老为主。如图 2-14 所示。52% 的村民选择依靠子女赡养的养老方式,16% 的村民选择自己存钱养老,12% 的村民表示参加社会养老保险养老,1% 的村民选择进养老院养老,1% 的村民选择购买商业养老保险或其他方式进行养老,另有 18% 的村民表示没想那么多。在农户家庭的固有观念中,始终沿袭家庭养老模

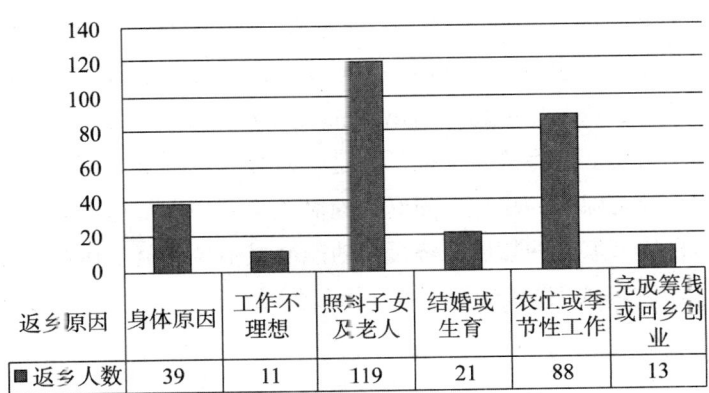

图 2-13 外出务工人员返乡原因柱形图

式,他们认为在承担了对上一辈的赡养责任的同时,有权在年老时享受子辈的照料。自己有义务照顾家庭,未来也需要子代家庭来照顾。

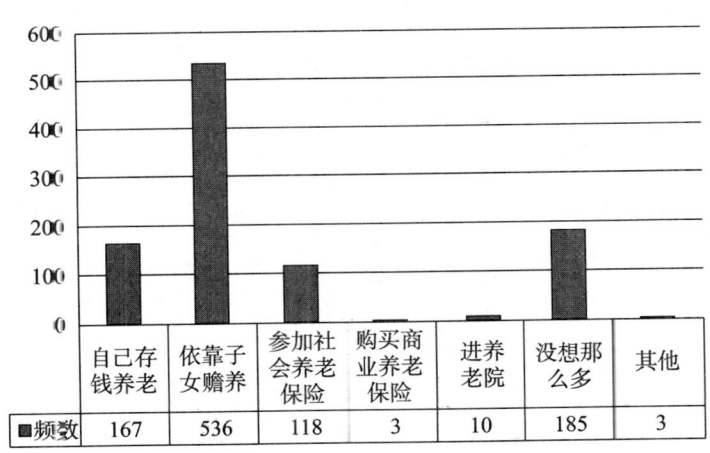

图 2-14 受访者所希望的养老方式柱形图

3. 调研农户医疗支出负担重,家庭风险保障压力大。在近三年家庭成员是否得过大病的调研中发现,有超过 44% 的家庭成员面临重大疾病的威胁,这说明农户家庭成员的身体健康是家庭一大隐患。仅在 2014 年一年中,有大病支出的家庭比重近 33%,这表明近三分之一的家庭在这一年中都要为家庭成员尤其是老年人的身体疾病而付出大量资金和精力。

从家庭结构和家庭保障功能的数据描述中，西部调研农户表现出明显的"传统家庭"特征。在工业化、城镇化、全球化浪潮中，家庭发展明显迟缓，家庭完整度高、结构稳定；由于当地产业经济不发达，往往选择的打工地点较远，但极少有人会在城市扎根，返乡比例高，而返乡的原因多是因为家庭照料老人和小孩的需要。大家庭氛围浓厚，家庭给予了成员充足的精神慰藉和服务支持。但由于家庭禀赋较弱，再加上社会保障的缺位，家庭在面对风险时，常常捉襟见肘，甚至陷入贫困陷阱而不能自拔。家庭的物质经济援助功能明显不足。至于在西部农村产生这样的家庭发展"滞后"现象的原因，会在后面逐步展开。

第三章　家庭发展能力的生命周期分析

要解释当前西部农户家庭发展的状况，首先就得从家庭发展演变的过程入手，分析家庭的结构变迁以及改变家庭结构各种生命事件的全过程。家庭生命周期理论，作为家庭研究领域的一个重要理论和分析工具，有助于我们回溯西部农村家庭产生发展的过程。

家庭生命周期理论是家庭研究领域的一个重要理论和分析工具，分析的是家庭的结构变迁以及改变家庭结构各种生命事件的全过程。

家庭发展具有与生俱来的阶段性，处于不同周期阶段的家庭有不同的需求和任务，家庭功能也随之而演变。当然，家庭在保持稳定性和发展的同时，也具有一定的弹性，在应对外界环境、政策变化带来的外力冲击时，在面临家庭内部发展所必需的结构改变时，家庭不断地完善着家庭资源配置方式、家庭决策角色分配等，以满足成员的成长需要，实现家庭发展。家庭发展需要经历结婚、生子、子女离家等事件，而在每一事件发生的前后，既是家庭需要顺应变化、适应风险的调整过程，也是家庭实现跨越式发展的时机。

家庭生命周期具有丰富的内涵，从社会学角度看，它是家庭成员角色互构和家庭关系变化的过程，是家庭与外部环境互动的过程；从经济学角度看，它与收入、消费、劳动力供给等行为密切关联，是家庭资源配置和家庭效用生产的变化过程；从人口学角度看，它是家庭生命事件序列及影响扩散的过程；从家庭功能角度看，是家庭主要任务及家庭功能与需求对应结构变化的过程。家庭生命事件并非是孤立的事件，而是一种系统性变化。因此，只有区分各个家庭生命周期，对家庭发展能力的研究才能实现针对性的分析。

第一节　家庭生命周期：家庭从诞生到消亡

一、家庭生命周期的阶段划分

家庭生命周期描述了一个家庭从诞生到消亡的生命历程，并揭示其阶段性特征。对家庭生命周期的研究最早见于 1903 年英国学者朗特里（S. Rowntree）对贫困与家庭所处生命阶段关系的分析中。

家庭生命周期作为理论初创于 20 世纪 30 年代，并最终以美国学者 P. C. 格里克（Glick）于 1947 年在《美国社会学评论》发表的《家庭生命周期》一文为标志而正式确立。Glick 以核心家庭为基础，以家庭规模的变化为依据将家庭发展历程划分为形成、扩展、扩展完成、收缩、收缩完成和解体六个阶段。这种划分方法简单明晰，适用于当时美国核心家庭的变化过程，但忽视了主干家庭等其他类型家庭。

后续研究者根据自己的研究内容和目的，从不同角度对家庭生命周期进行了一定的补充和调整。

美国学者 Eveln Duvall 和 Reuben Hill 从子女成长过程的角度将家庭生命周期划分为 7 个阶段：无子女阶段、扩展阶段、学龄阶段、稳定阶段、收缩阶段、老伴阶段和丧偶阶段。

美国学者 William D. Wells 和 George Gubar（1966）从消费行为的角度，以家庭主人与最小孩子的年龄、配偶的社会地位、是否有依赖的孩子、是否受雇佣等为标准，提出了九阶段论：单身阶段、新婚阶段、满巢阶段 1（最小子女在 6 岁以下）、满巢阶段 2（最小子女在 6 岁以上）、满巢阶段 3（年老夫妻和依靠父母的子女）、空巢阶段 1（子女离家，但父母仍具有劳动力）、空巢阶段 2（子女离家，父母退休）、独居阶段 1（仍可劳动）和独居阶段 2（不具劳动能力）；各个阶段家庭的经济能力不同，表现出不同的阶段特征。如表 3-1 所示。

表 3-1　　　　　　　　　　家庭生命周期的消费行为阶段特征

家庭生命周期阶段	消费特征
单身阶段	年轻；经济负担轻；消费观念潮流；注重娱乐和基本生活必需品
新婚夫妇	经济状况较好；需求量较大、购买力较强；耐用消费品购买量较高
满巢期 1	购买住房和大量生活必需品；购买力不足；对新产品感兴趣；倾向于购买有广告的产品
满巢期 2	经济状况较好；消费慎重；购买习惯稳定
满巢期 3	经济状况尚可；消费习惯稳定；可能购买富余的耐用消费品
空巢期 1	经济状况最好；可能购买娱乐品和奢侈品；对新产品不感兴趣
空巢期 2	收入大幅减少；消费谨慎；倾向于有益健康的产品

续表

家庭生命周期阶段	消费特征
独居期 1	尚有收入；经济状况不好；集中于生活必需品消费
独居期 2	收入很少；消费量很小；主要购买医疗产品

美国学者 Betty Carter 和 Monica McGooldrick（1989）以成年子女离家为起点，将家庭生命周期分为六个发展阶段：成年子女离家阶段、结婚成家阶段、生育子女阶段、青少年阶段、孩子离家阶段和后期生活阶段。不过，这样的分类方法都存在一个相同的问题，那就是没有考虑到未婚和离婚家庭。

美国学者 Duvall（1977）使用美国的统计数据，以子女的成长为主线，提出了八阶段论，分别为：新婚期、育儿期、子女学龄前阶段、子女学龄阶段、青少年阶段、子女独立阶段、父母中年阶段和老年阶段。他认为生命周期的不同阶段都有各自特殊的任务。如表 3-2 所示。

表 3-2　　　　　　　　家庭生命周期的子女成长阶段特征

周期阶段	家庭任务与功能
新婚期	1. 发展相互满足的婚姻生活；2. 怀孕及将成为父母的适应；3. 适应彼此亲戚网络
育儿期	1. 适应新生子女的诞生、成长；2. 发展一个可以满足父母及新生儿的家
学龄前期	1. 以激发性方式适应学龄前期子女的需求；2. 以充沛精力适应及因应子女需求（父母因此缺乏隐私）
学龄期	1. 有学龄子女的家庭适应社区生活；2. 鼓励子女教育上的成就
青少年期	1. 青少年在自由及责任之内取得平衡；2. 发展中年父母的兴趣和工作
空巢期	1. 成年子女离家；2. 维护支持性家庭关系
中年父母期	1. 新的婚姻关系重建；2. 维护老的及年幼的亲属关系
老年家庭	1. 适应丧偶及独处；2. 适应老年生活；3. 适应退休生活

对某些特殊家庭生命周期的也有一些分析。美国学者 Norton（1983）分析了不同婚姻状况妇女的家庭生命周期差异，他主要利用美国人口普查局于 1980 年建立的婚姻与生育史资料，探讨了美国人口在婚姻、离婚和生养子女方面的变化。并根据妇女的婚姻状况比较女性家庭生命周期阶段的年龄。发现，家庭生命周期各个阶

段的完成与收入、人种及教育都有关。他的研究算是对当时学者们诟病的家庭生命周期没有考虑婚姻破裂因素的回应。但是，他的研究重心在于家庭生命周期的前期探讨，对后期阶段都未讨论。

本章将以 Glick 提出的家庭生命周期的基本模型为基础，将家庭生命周期划分为六个阶段：（1）家庭形成期；（2）家庭扩展期；（3）扩展完成期；（4）家庭收缩期；（5）家庭空巢期；（6）家庭消亡期。每个阶段的起始和结束都是以家庭人口变化的节点为依据。第一阶段形成期，从结婚到第一个孩子出生；第二阶段扩展期，从第一个孩子出生到最后一个孩子出生；第三阶段扩展完成期，从最后一个孩子出生到第一个孩子离开父母家；第四阶段收缩期，从第一个孩子离开父母家到最后一个孩子离开父母家；第五阶段空巢期，从最后一个孩子离开父母家到配偶一方死亡；最后一阶段消亡期，从配偶一方死亡到配偶另一方死亡。

二、家庭生命周期各阶段：时长与起始年龄的演变

在人口转变和社会现代化过程中，个体和家庭已经发生了很大变化，使得家庭生命周期在形态、时序安排、关系和功能等方面也在改变。特别是在当前低生育率阶段，传统的家庭生命周期模式逐渐被结构更加简化和多样化的家庭生命周期模式所取代。家庭生命周期向着时序结构多元化、关系结构简单化、功能结构缺损化的方向发展。

家庭生命周期的每个阶段都代表了家庭发展的某一具体过程，承载了不同的家庭功能和使命，也形成了各自的阶段特征。

（一）家庭形成期：形成的起点推迟，时间跨度（初婚初育间隔）缩短

婚姻是家庭活动中最重要的事件之一，往往标志着新家庭的形成，是研究家庭关系、家庭结构和家庭生命周期的基础。对于结婚而不分家的情况，并没有形成新家庭，而是原父代家庭规模增大而已。

家庭形成期，是指从结婚到第一个孩子出生的这一段时间。这一阶段的跨度时长主要受到初婚年龄和初育年龄的影响。

初婚年龄呈整体推迟的趋势。田丰（2011）将 1982 年、1990 年和 2000 年人口普查数据的人口年龄按照 5 岁的组距间隔分组，计算出了各年度男性和女性的平均初婚年龄。发现：这三个阶段中，男性初婚年龄分别为 25.23 岁、23.84 岁和 25.27 岁；女性初婚年龄分别为 22.37 岁、22.07 岁和 23.44 岁；总人口的平均初婚年龄为 23.81 岁、22.95 岁和 24.34 岁。女性初婚年龄的变化更稳定，男性初婚年龄则有较大的波动；且家庭生命周期的起点年龄整体向后延迟了。赵梦洁

(2011）将初婚年龄推迟的原因归结为五个方面：结婚成本、高等教育的发展、社会政策的影响、女性独立意识的提升和离婚率的提升。结婚成本的提高直接推迟了男性初婚年龄；随着教育程度的提高，在校就读时间的延长客观上推迟了结婚年龄；离婚率的升高使民众对婚姻更加谨慎，从而推迟了初婚年龄。

自 20 世纪 80 年代以来，我国育龄妇女初婚初育间隔总体上呈不断缩短的趋势，且城市育龄妇女初婚初育间隔大于农村。李玉柱（2009）使用 2000 年的人口普查数据计算发现：我国育龄妇女初婚初育间隔较短，近 7 成妇女在婚后一年半以内生育，90% 的育龄妇女在婚后 2 年半以内生育。文化程度对初婚初育间隔的影响在城市更为显著，在农村几乎没有什么影响。另外，农村妇女的外出经历及外出时间对她们的初婚年龄有显著影响：婚前外出显著推迟了初婚年龄，跨省的流动以及流入地为城市也对推迟初婚年龄有显著作用。

（二）家庭扩展期：一孩生育年龄推迟，时间跨度缩短

家庭扩展期（或称为家庭生育期）指的是家庭中第一个孩子出生到最后一个孩子出生这段时间，主要受到生育孩子的数量和生育间隔的影响。家庭扩展期体现的是家庭生育行为，因此也可以将家庭扩展期称为家庭生育期。

家庭扩展期随时代演变而逐渐缩短，且首胎生育年龄有推后的趋势，最后一胎有提前的趋势。

田丰（2010）使用 1982 年、1992 年和 2001 年的生育率调查数据分析了我国妇女生育年龄的变化。得出，婚后第一年内生育第一胎的妇女比例，1982 年为 25.56%，1992 年为 9.20%，2001 年为 35.56%；婚后四年内生育第一胎子女的累积比例分别为 90.64%、94.38% 和 96.77%。对于生育最后一个孩子，1982 年的数据显示：婚后一年之内生育最后一胎的比例为 1.95%，婚后四年内生育最后一胎的累积比例为 20.88%，婚后十年、二十年、三十年的比例分别为 4.02%、3.02% 和 0.2%。可见，1982 年之前，妇女的生育时间是相当长的。1992 年的数据显示，在结婚后十五年内生育最后一胎的比例为 97.40%，远高于 1982 年的 69.89%，这说明，1992 年妇女结婚后的生育周期比 1982 年调查时大幅缩短。2001 年的数据中，婚后一年内生育子女的比例大幅攀升，达到 35.36%，而在婚后三年内生育最后一胎的累积比例达到了 49.47%，婚后八年内生育最后一胎的比例达到 91.16%，生育周期又进一步缩短。

史清华等（2001）使用太谷县武家主的调查数据计算得到，样本中农户家庭主妇的平均年龄大约为 40 岁，生育第一胎的平均年龄为 23.42 岁，最后一胎的年龄为 29.14 岁，平均生育间隔为 2.47 年。

经济发展有推迟生育的效应，另外计划生育政策也加大了一孩和二孩之间的生育间隔。刘爽、邹明泇（2011）以计划生育政策实施为界点，分别分析了80年代以前和80年代以后我国育龄妇女一、二孩平均生育间隔。经研究发现：80年代以前，我国育龄妇女的一、二孩平均生育年龄都在上升，一孩大致上升了2.3岁，二孩只上升了1.5岁，由此导致一、二孩生育间隔明显缩小；90年代以来，一、二孩生育间隔出现了明显的变化，1989—1990年我国育龄妇女的一、二孩平均生育间隔为3.05年，到2000年这一指标值已为4.35年，而2005年更是达到了5.15年。王军（2013）发现，我国二孩生育间隔呈不断增加的趋势，不同生育政策类型地区之间存在着显著差异，独生子女政策地区、独生子女和"一孩半"政策混合地区、"一孩半"和"二孩"政策混合地区、"二孩"及以上生育政策地区的平均二孩生育间隔分别为70.22、66.39、58.13和46.56个月；但是，分层分析的结果表明，各地区二孩生育间隔主要受地区经济发展水平的影响，生育政策对不同地区生育间隔的影响程度基本在20%以下。

（三）扩展完成期

扩展完成期，指从最后一个子女出生到第一个子女离家，主要受到生育子女数量和孩子离家时间的影响。离家，主要是指子女离开父母家，它是扩展完成期结束的标志。

这段时间家庭的规模不再扩大，家庭的主要任务是抚养子女。子女的成长以及父母经济能力的提高是家庭的主要内容。妇女逐渐从哺育子女中脱离出来，加入劳动力市场。子女达到一定年龄，也会分担一部分的家庭劳动。这一阶段，家庭的消费者数量是不变的，但是能够参与到劳动力市场的人数缓慢增加。同时，随着劳动力年龄的增加，家庭的收入也逐渐提高。随着子女接受教育的深入，家庭对教育的投入也达到最高值。

由于计划生育政策的实施，我国大多数城镇家庭都是独生子女家庭，这些家庭没有明显的家庭扩展期，第一个子女就是最后一个子女。家庭扩展期可以划归到扩展完成期中去分析。但是，在很多农村地区，许多家庭还是多子女家庭，扩展期和扩展完成期有着明显的界线，二者也表现出不同的阶段特征。随着二孩政策的逐渐放开，计划生育政策执行的趋严，以及生育观念和子女培养成本的上升，农村家庭和城镇家庭子女数量的差距正迅速缩小，独生子女和双子家庭占据了绝对的主导。

（四）家庭收缩期

家庭收缩期是子女离家的过程。子女离家主要是指外出学业、工作和结婚分家。对于个人而言，离家承载着从青少年到成年之间的转变，往往意味着责任和独立，你已经开始逐渐脱离原有家庭，独自面对生活了；对于家庭来说，是原有家庭解体的开端，也很可能是一个新家庭的诞生。

工业化、城镇化的推进，以及高等教育的发展使得子女离家的时间提前了。田丰（2001）对1982年、1990年和2000年这三年的人口普查数据进行测算，根据修匀结果，建立了子女在0~50岁间隔之间的离家生命表，结果表明，1982年、1990年和2000年子女离家的预期年龄分别为27.73岁、27.36岁和25.60岁。

近年来，我国高等教育取得了长足的发展，1982年高考共录取了32万人，到了2010年这一数字上升到630万人。越来越多的年轻人因为学业而离家，但是这部分人本质上仍然没有脱离原有家庭的体系。绝大多数情况下，生活费用主要靠父母给予，依然是完全意义上的家庭消费者。少数能够自给自足，无需家庭供养的，一定意义上已经不能简单定义为家庭的消费者或是生产者了。他们的生涯不再依靠家庭，但是家庭却往往要为他们的婚姻做准备。他们对家庭的生产和储蓄行为有着重要的影响。

因为工作离家的，就已经不再是家庭的消费者了。这部分人中，特别是独生子女，常常因为父母还很年轻，无需他们的赡养，成为了脱离原有家庭的独立个体。此时的他们与原有家庭没有大的经济联系，物质上更像一个独立的社会单位。但是，我国目前也存在着大量的多子女家庭，而且这些家庭绝大多数存在于贫困的农村地区。对于这些家庭，到了大龄子女外出工作的阶段，父母的年龄一般就比较大了，收入有限，往往难以承担起家庭的支出。此时，子女外出工作不仅仅是要养活自己，还承担着补贴家用的责任了。如此，外出子女就从家庭消费者转化为了家庭生产者。他们虽然身处异乡，却仍然是家庭最为重要的成员之一，至少在经济上是这样的。

因为结婚离家的，那就是新家庭的形成了。这里必须要指出，在西方国家中，子女结婚后与父母之间的联系较少，子女家庭和父母家庭在很大程度上可以看做是相互独立的了。而在我国，男孩结婚后的很长一段时间都是和父母居住在一起的，新婚夫妇的生活依然是在男方父母的照料之下。这种情况往往会持续很长时间，甚至孙辈整个基础教育的学习生涯都是在双方老人的照顾之下进行的。中国的子女家庭与父母家庭之间存在着极为密切的联系，这种联系涵盖了生活的各个方面，很难将两者明确地分离开来。

子女的数量对家庭收缩期有着重要的影响。计划生育家庭，只有一个孩子，收缩期开始就意味着家庭已经进入了空巢期。但是，由于此时父母年轻，收入处于人生中的最高水平，因此家庭仍然具有非常高的消费能力。而且，如果子女不是因为学业离家的，父母就可以将更多的收入投入到生活消费或是养老储蓄上了。但是，对于多孩家庭，家庭收缩期就是一个较长的过程了。子女的离家并不意味着子女抚养的结束，家庭依然要将很多资源投入到子女人力资本积累中去。

庄岩等（1991）使用1988年6省2市家庭生命循环调查数据，对家庭收缩阶段进行了单因素分析，发现：性别、出生年、年龄和排行对孩子离家有显著影响，其中性别和年龄起决定性作用。而父母所生孩子数、城乡地区类型和地域在排除性别、出生年和排行后，检验结果不显著了。

（五）家庭空巢期和家庭解体期

家庭空巢期和解体期是家庭逐渐消亡的过程。在这一过程中，家庭规模不断缩小，家庭整体上从社会的生产者转变为了纯粹的消费者。

家庭空巢期是指父母两人独自生活的阶段，这是父母生活的重要转折阶段。预期寿命是影响消亡期的根本因素，根据国家统计局公布的相关数据：1982年、1990年和2000年男性预期寿命分别为66.28岁、66.84岁和69.63岁；女性预期寿命分别为69.27岁、70.47岁和73.33岁。可以看出，女性的预期寿命始终大于男性，但二者之间的差距并没有明显扩大。

在这一阶段，工作上，父母要经历从事业的台前向幕后的隐退；生活上，子女的离家意味着热闹的家庭逐渐归于平静。时间推着他们从生活的主角变成了看客，也从一个社会的生产者转变为了社会的消费者。工作上的隐退除了造成心理上的落差，也反映在了收入上的锐减。退休后，城镇老年人主要依靠退休金生活；农村主要依靠农村养老保险金以及子女的接济，也会有一些人从事较为容易的工作以补贴家用。无论是哪个，他们的收入往往只能满足基本的生活需要，并无太多盈余他用。甚至在少数贫困地区，基本的生活需要都满足不了。近些年，空巢老人问题日益突出，他们生活的孤独所引起的一系列社会问题越来越受到大众的关注。

值得注意的是，子女数量的多少会显著影响家庭空巢期时间的长短。因为空巢期是从最后一个子女离家开始，所以子女较少的家庭，最后一个子女离家时，父母往往比较年轻。尤其是计划生育家庭，当子女达到离家年龄时，父母往往正处中年，处于人生的黄金阶段。如此，家庭的空巢期将会持续很长时间，且家庭环境将会经历一个相当大的变化。空巢前期，父母仍然是社会活动的主要参与者，家庭并不会表现出明显的空巢特征；空巢后期，随着年龄的增大，父母逐渐从社会舞台上隐退出来，家庭逐渐表现出典型的空巢特征。而这些变化的主要标志是父母退休。而子女较多的家庭，家庭的空巢期会相对延迟。如此，当空巢期开始时，父母的年龄就已经较大了，家庭很快就进入了空巢特征。

家庭消亡期是家庭的最后一个阶段。在中国，配偶一方过世后，因为担心生活不能自理，子女往往会将在世的父母接到家里与自己一起生活。如此，原有家庭实质上就已经消亡了。

总之，家庭扩展期、扩展完成期和家庭收缩期是家庭最重要的三个阶段，它们涵盖了家庭生命周期大多数的内容和时间，是家庭活动最为活跃的时期，对家庭生命周期的影响也是最大的。由于我国父母家庭与子女家庭之间存在着强烈的相互依赖关系，家庭的发展也就表现出了更为明显的代际依赖特征。

第二节　西部农户家庭发展能力的周期阶段差异性

本节将以西部农户参与调查的样本为例，分析比较不同生命周期阶段的家庭，在家庭发展能力上的差异性。

基于数据限制的考虑，本节以不同家庭成员的婚姻关系和血缘代际层次关系为划分依据，将受访家庭主要划分为单亲家庭、夫妻二人家庭、核心家庭、主干家庭、联合家庭等5类，以此来区分不同家庭所处的周期阶段。

其中"单亲家庭"在本文中是指由父亲或母亲及其未婚子女组成的家庭；"夫妻二人家庭"是指家庭中仅有夫妇两人；"核心家庭"则是由已婚夫妇和未成年子女或收养子女两代组成的家庭；"主干家庭"是指由父母和一个已婚子女或未婚兄弟姐妹组成的家庭，也包括父母和一对已婚子女及其孩子所组成的家庭，一对夫妇同其未婚兄弟姐妹所组成的家庭，三代以内且每代最多不超过一对夫妇、中间无断代的家庭；"联合家庭"则是除单亲家庭、夫妻二人家庭、核心家庭、主干家庭以外的家庭，包括父母、已婚子女、未婚子女、孙子女、曾孙子女等几代居住在一起的家庭。

在本次调查中，共有家庭1015个。其中单亲家庭3个，占0.3%；夫妻二人家庭4个，占0.4%；核心家庭392个，占38.6%；主干家庭493个，占48.6%；联合家庭123个，占12.1%。

第三章 家庭发展能力的生命周期分析

在主干家庭和联合家庭中,父母与已婚子女及未婚子女或未婚兄弟姐妹居住的家庭共有 66 个。由此可见,在子女新婚阶段,父母会与子女共同居住帮助子女组建家庭,导致夫妻二人家庭数很少。

按照家庭发展能力三个维度:家庭禀赋、家庭功能和家庭策略,来设定度量指标,再加上调研问卷所限,本文选取了家庭禀赋维度的"家庭收入"、"健康状况"、"活动能力";家庭功能维度的"最近一次工作的月工资水平"指标、"当前工作或就业的状况"指标;家庭策略的"子女教育预期"指标。进行因子分析和不同阶段家庭的因子得分比较。

一、家庭发展能力的指标因子选择

(一) 相关系数矩阵

使用因子分析法的前提就是各变量之间存在线性相关性,查找相关系数矩阵表可以看出大部分相关系数都超过了 0.3,表明主要指标之间存在相关性,可以使用因子分析法。

(二) KMO 与 Bartlett 球形度检验

表 3-3 是标准化数据的 KMO 和 Bartlett 的检验结果,其中 KMO 值为 0.493,表示应扩充样本;Bartlett 球形检验结果显示,近似卡方较大,且其对应的相伴概率值为 0.000,远小于显著性水平 0.05,表示原变量间存在相关性,拒绝变量独立的假设,认为适合用因子分析法。

表 3-3　　　　　　　　　　　KMO 与 Bartlett 的检验

		标准化数据
取样足够度的 Kaiser-Meyer-Olkin 度量		0.493
Bartlett 的球形度检验	近似卡方	103.731
	Df	15
	Sig	0.000

(三) 萃取因子

运用主成分分析法对自变量进行公共因子的萃取,以特征值大于 1 为萃取条件,并用最大方差法作直交转轴,来决定各变量的因子荷载量。由表 3-4 可知,分析后提取出的前五个因子的特征值都是大于 1 的,且对总方差的累计贡献均达 80%

以上。

(四) 变量的共同度

表 3-4 是因子分析的初始解，表格中的第二列是根据因子分析初始解得到的变量共同度，变量的共同度均为 1，表示原有变量的所有方差都能被因子解释。表格的第三列是在指定条件下（特征根大于 1）提取特征根时的共同度，从表中可以发现，公共因子对原始变量的解释程度多在 80% 以上，萃取效果明显。

表 3-4 公因子方差表

	初始	提取
文化程度	1.000	0.350
教育水平期待	1.000	0.339
健康状况	1.000	0.332
活动能力	1.000	0.329
最近一次工作的月工资水平	1.000	0.327
当前工作或就业状况	1.000	0.323

(五) 因子变量命名

从表 3-5 的旋转成分矩阵中，可以发现：

因子 1 在变量健康状况、活动能力上的系数分别为 0.853 和 0.842，大于其他变量的系数，主要反映的是健康状况，因此我们将该因子概括为影响健康状况维度因子 A。属于家庭禀赋之中的人力资本禀赋部分。

因子 2 在最近一次工作的月工资水平和当前工作或就业状况上的系数分别为 0.554 和 0.647，大于其他变量的系数，反映了家庭的就业能力，因此我们将该因子概括为影响劳动力市场参与状况因子 B。稳定的就业和较高的就业能力是实现家庭持续稳定收入的保证，可划分为家庭功能中的家庭保障功能。

因子 3 在文化程度、教育水平期待上的系数分别为 0.845 和 0.447，大于其他变量的系数，都是反映接受教育的情况，因此我们将该因子概括为影响教育投入因子 C。教育投资是家庭策略选择中的关键部分，也是家庭支出的重要内容，可认为是家庭策略中的教育投资策略。

表 3-5 成分矩阵[a]

	成分		
	1	2	3
文化程度	0.345	0.384	0.845
教育水平期待	0.285	-0.242	0.447
健康状况	0.853	-0.321	0.036
活动能力	0.842	-0.338	-0.074
最近一次工作的月工资水平	-0.117	0.554	0.289
当前工作或就业状况	0.370	0.647	-0.260

a. 已提取了 3 个成分。

二、不同生命周期家庭的指标得分比较

本书采用回归法计算得出各公共因子的得分系数，结合因子计算，得出各家庭类型在各公共因子上的得分，结果如表 3-6 所示。

表 3-6 各家庭类型公共因子得分

	家庭人力资本禀赋	家庭劳动力市场参与功能	家庭教育投资策略
核心家庭	1.501	0.238	1.441
主干家庭	1.306	0.743	1.197
联合家庭	1.477	1.480	0.699
空巢家庭	0.922	0.598	0.062

（一）家庭人力资本禀赋随生命周期的递进而减弱

核心家庭的得分最高而空巢家庭得分相对较低。这与家庭所处的生命周期有关。由于核心家庭由已婚夫妇和未婚子女或者收养子女两代组成，家庭结构简单，其劳动力的主要构成为已婚夫妇。家庭生命周期基本处于扩展期，平均年龄较轻，健康状况自然也较好。而到联合家庭和主干家庭，家庭中有已成婚的子女，则家庭周期进一步发展到衰退期，父母年龄增大，健康水平下降。而空巢家庭仅剩失去劳动能力的老人，劳动力资源匮乏，由于年龄较大的原因，此类家庭需要承担在医疗和抚养方面的支出。因此空巢家庭也是人力资本禀赋最弱的家庭阶段。

(二) 家庭劳动力市场参与所体现的家庭保障功能先增后减

家庭劳动力市场参与功能反映了家庭成员的就业能力，该项能力属于市场竞争和可持续发展的范畴。根据结果可以看出，联合家庭的劳动力市场参与程度是最强的，这是由于联合家庭正处于家庭生命周期中家庭成员最多、家庭结构最丰富、家庭中就业人数最多的阶段。其次便是主干家庭，包含了父母、已婚子女和未婚子女的多代家庭，此时有很大比例的父母尚未退出劳动力市场，而子女已长大进入劳动力年龄，家庭就业能力较强，收入也较高。而核心家庭和空巢家庭分属家庭生命周期的前后两端，家庭人口较少，就业能力较弱。

(三) 家庭教育投资策略的重要性随生命周期递减

受教育程度体现的是科学文化素质，包括实际教育投资和对子女教育期望。核心家庭的家庭发展能力中这一教育投资策略得分最高，这是因为，核心家庭成员年龄较轻，随着我国义务教育发展，他们的受教育程度明显好于父代，而他们也更加认同教育对于个人和家庭发展的作用，因此核心家庭中更重视教育投资策略。随着家庭生命周期的向前递进，家庭平均年龄增加，对教育的重视程度递减，教育投资策略的重要性也在家庭决策中逐渐减弱。

总体来看，这样的结论符合我们对家庭生命周期各阶段发展能力的预期。随着家庭的产生、发展到消亡的整个过程，整个国家或某个区域内家庭人口规模、家庭层次结构的改变，引致了家庭禀赋、功能、策略的变化，并进一步影响家庭生产、消费、投资的生命全过程，以及对社会保障服务和福利的需求，对公共政策，尤其是人口政策提出新的要求。而反过来，就家庭生命周期的演变过程而言，结婚年龄推迟、生育率下降、生育期缩短、寿命增加、空巢期延长，这既是人口自然转变的结果，是经济、社会发展对居于其中的"人"的影响效应，也是包含人口政策在内的社会政策的运行结果。

第四章　西部农户的家庭生育决策
——子女质量对数量的替代

　　生育决策是家庭决策的重要内容。生育的基本单位是家庭，包括生育时间、生育子女数量、生育间隔、性别偏好等，在微观上不仅代表了家庭从"产生期"到"扩展期"的过渡，影响了家庭之后生命周期的各阶段的长度，也直接影响着家庭其他诸如劳动供给决策（尤其是女性劳动供给）、教育投资决策、消费分配决策等，以及随家庭结构的变化而来的家庭内部夫妻关系、代际抚育关系的演变；在宏观上，无数家庭构成整个社会，无数家庭的生育决策构成整个社会的人口再生产过程。因此，要研究家庭决策，应从家庭生育决策的讨论开始。

　　一般认为，家庭是理性的，家庭决策都是基于对成本约束与效用获得的考量。而中国家庭的生育决策除了生育成本与效用之外，还在很大程度上受到计划生育利益导向政策的影响。

　　新中国成立之初，我国采取了鼓励人口增长的政策，使得1949年至1953年间我国人口迅猛增长。我国对于计划生育利益导向政策的研究，可以追溯到20世纪50年代中央提出的"节制生育"政策，主要采取节育、流产、结扎手术等措施和办法抑制人口的快速增长。1973年在全国计划生育汇报会上，中央提出了"晚、稀、少"的计划生育政策。到1980年9月，中共中央发表的《关于控制我国人口增长问题致全体共产党员、共青团员的公开信》中正式提出"提倡一对夫妇只生育一个孩子"的"一胎化"政策。此后持续很长一段时间，我国计划生育利益导向政策以此为方针，提出和实施了一系列鼓励"一胎化"、奖励独生子女家庭等优惠政策[①]。

　　近年来，随着我国人口红利逐渐减少，老龄化社会即将到来等情况的出现，计划生育利益导向政策开始转变。2013年11月15日，十八届三中全会通过了《中

[①] 谭江蓉，杨云彦. 人口和计划生育利益导向政策研究：回顾与前瞻 [J]. 人口与发展，2012（3）.

共中央关于全面深化改革若干重大问题的决定》。提出要"坚持计划生育的基本国策，启动实施一方是独生子女的夫妇可生育两个孩子的政策"，这标志着"单独二孩"计划生育政策的开始实施。2015年10月29日，在党的十八届五中全会会议中，决定"坚持计划生育的基本国策，完善人口发展战略，全面实施一对夫妇可生育两个孩子政策"，即"全面二孩"计划生育政策。2015年12月27日，十二届全国人大常委会第十八次会议表决通过了《人口与计划生育法》修正案，决定"全面二孩"于2016年1月1日起正式实施。

与之相关，2015年12月24日，中国社会科学院发布《社会蓝皮书：2016年中国社会形势分析与预测》报告。蓝皮书通过社会调研整理了关于家庭规模和家庭结构、二孩生育意愿和生育计划、中国社会质量、城乡困难群体、北上广中等收入群体等社会热点项目的分析报告。在人口与生育方面，蓝皮书认为在2016年以及整个"十三五"时期的经济社会发展阶段，"要加大劳动力培训，提升劳动力素质，让人口质量红利替代人口数量红利推动经济社会发展"。同时指出，育龄人群的生育水平、生育意愿和生育计划都与计划生育利益导向政策的调整密切相关。

本章将在当前我国计划生育利益导向政策调整的背景下，讨论农户生育决策应对策略。基于对计划生育政策和子女养育成本的考量，家庭生育孩子的数量受到约束，因此产生了家庭对子女数量与质量的决策和选择。这里子女的质量更多地是指子女进入成年之后给家庭带来的效用，体现为受教育水平、健康状况，甚至性别差异带来的家庭经济收入、社会地位、情感效用等的差异性。一般认为，家庭对子女质量的追求会挤占抑制家庭的生育意愿，减少孩子数量。但在西部调研农户中，普遍教育水平低下的背景下，是否能形成子女质量对数量的替代关系呢？或者更进一步的，对子女质量的哪一方面追求会更显著地抑制家庭生育意愿呢？是受教育水平提高带来的就业层次、社会地位提高，还是更健康或性别偏好带来的体力劳动供给增强、经济收入增加？这些都需要更深入地分析了解。

第一节 "子女数量-质量替代"理论

一、对子女数量-质量替代关系的研究

关于家庭中子女数量-质量的选择研究，最早是由以 Gary、Stanley、Becker 等为代表的西方经济学家们提出的，用来解释当时以欧洲为主的一些国家出现家庭收

入增加，生育率反而下降的现象①。

为解释这一现象，1957 年，Harvey·Leibenstein 运用微观经济学思想，提出了"子女成本-效用"理论。在 Leibenstein 发表的《经济落后和经济增长》(*Economic Backwardness and Economic Growth*) 一书中，他提出家庭对生育子女数量的决策与选择，是通过衡量生育孩子的成本与效用来决定的。家庭收入的提高会增加孩子的生育成本，同时减少父母从孩子身上获得的效用。在此情况下，理性的父母会选择少生育孩子，从而导致了生育率的下降。

Leibenstein 的"子女成本-效用"理论认为孩子的效用只由孩子的数量决定，并没有考虑到孩子的"数量-质量替代"关系。Becker 在 Leibenstein 的"子女成本-效用"理论基础上引入了孩子质量的概念，提出了"子女数量-质量替代"理论。

1960 年，Becker 在《生育率的经济分析》(*An Economic Analysis of Fertility*) 一文中运用西方经济学的消费者需求理论和消费者行为理论思维，提出家庭抚育孩子是具有成本的。Becker 将孩子产生的成本分为两大类——数量成本（包括直接成本和间接成本）和质量成本，数量成本和质量成本间的变动，决定了家庭的生育策略。当孩子的数量成本上升时，家庭对孩子数量的需求减少，对孩子质量的需求增加；反之，当孩子数量成本下降时，家庭的生育决策将偏向于对孩子数量需求的提高，而孩子质量的需求相应减少②。

其后，Becker（1973）以"家庭偏好不变"的假设为前提，得出"孩子的数量与质量之间存在负相关关系，孩子的数量与质量间可以相互替代"的结论。Becker 还认为，收入的提高产生了孩子质量对孩子数量的替代效应，原因是替代效应超过了收入效应，使家庭生育孩子的数量减少。在 Becker 的理论中，把孩子看成耐用消费品，认为孩子是会提供效用③的。由于把孩子看成是耐用消费品，虽然孩

---

① 19 世纪中期，以欧洲为主的一些国家总和生育率（TFR）持续下降，到 20 世纪中期，人口接近生育率更替水平（TFR=2.1）。尽管二战后生育率短暂回升，但 20 世纪 70 年代，大多数国家生育率下降到生育率更替水平之下。至此，传统的生育率理论已无法解释这一现象，许多学者对此提出了新观点。

② Becker 在 1960 年的文章中认为孩子的价格对于富人与穷人来说是一样的，导致得出的结论为：家庭收入的提高使得增加孩子数量的同时提高孩子质量。在 1973 年的文章中，Becker 修正了这一观点：由于富人会选择更高质量的孩子，孩子的价格更昂贵，因此，家庭收入的提高会使得父母更偏向于选择孩子的质量而非数量，替代效应超过收入效应，家庭生育孩子的数量会减少。

③ 家庭中孩子产生的效用一般可以归结为以下几类：消费效用；劳动-经济效用；保险效用；经济风险效用；长期维持家庭地位的效用；对扩展型家庭做贡献的效用。

子数量与孩子质量的收入效应均为正，但孩子质量的收入弹性要比孩子数量的收入弹性大。因此，收入水平的提高更显著地表现为孩子质量对孩子数量的替代效应。

Becker 的理论中还引入了影子价格①来阐述孩子数量-质量之间的关系。他认为，在家庭收入一定的情况下，子女数量的增加会提高追加到家庭每个子女质量上的成本，即子女质量的影子价格；子女质量的提高将增加家庭花在每个子女身上的价值，即子女数量的影子价格。可以发现，子女数量成本的上升，导致家庭对子女数量需求的下降，子女质量的提高增加子女数量的影子价格②。

Leibenstein（1974）否定了 Becker 的"家庭偏好不变"假定，从家庭社会地位视角思考，认为在同一社会地位的家庭中，经济收入较高的家庭面对的经济约束相比经济收入较低的家庭少，会倾向于多生育孩子。而不同社会地位的家庭中，家庭的社会地位越高，就需要花费更多的成本来维护其社会地位，相应的，在抚养孩子问题上就需要花费更多的成本，因此社会地位较高的家庭会选择减少生育孩子的数量。

对子女数量-质量的研究，除 Becker 和 Leibenstein 的主流理论外，许多学者还有不同的见解。Simmons G. B.（1985）认为生理限制、时间价值、宗教信仰等因素是影响家庭子女数量-质量替代的重要原因。

Eloundou-Enyegue P. M.（1994）从家庭社会升迁的角度考虑，假设家庭中至少有一人社会升迁就能够促进家庭地位的升迁。Eloundou-Enyegue 认为，家庭出于社会升迁的需要，对孩子的升迁机会与投资收益率的投资方案进行风险最小化和收益最大化的考虑，进行孩子数量-质量的理性选择。

Galor O. 和 Weil D. N.（1998）则从宏观经济社会背景的角度，认为经济发展、技术进步、收入水平、参加经济活动程度以及妇女受教育程度的提高等因素，使得家庭孩子质量替代数量的表现更为明显。

我国对"子女数量-质量替代"理论的研究，是在西方已有理论基础上，综合考虑我国基本国情、经济发展背景和传统文化观念上进行的。对于我国各地区特别是农村地区是否已经形成"子女数量-质量替代"关系，学者们众说纷纭。

黄乾（1999）认为父母对于孩子数量、质量的生育决策选择，是存在前提条件的，"其一为社会经济环境有利于高质量孩子的形成，其二为高质量的孩子能够

---

① 影子价格：对没有市场价格的产品或服务、劳务的一种替代性估价。

② 关于 Becker 相关理论的阐述，除了阅读 Becker 相关文献原文，主要参考：罗淳. 贝克尔关于家庭对孩子需求的理论 [J]. 人口学刊，1991（5）.

获得高收益"。通过1994年全国入学率、毕业率和1994年企事业员工不同学历水平平均工资对比分析，得出中国这一时期的相当多的地区特别是农村地区子女质量对数量的替代关系还没有真正发生。其主要原因为孩子质量成本偏高，数量成本相对偏低且稳定；总趋势上，劳动力质量与收入正相关，但各层次间收入的差距难以弥补投资成本的差距；男孩和女孩效用差异大，产生对子女数量和性别的特定期望。

尤丹珍（2000）从四川省宣汉县个案分析，将年龄、文化程度、收入水平、性别等各因素与期望孩子数分别进行回归分析，得出收入的提高使父母对子女质量需求增加的同时数量需求也增加，即子女数量、质量未能发生有效转换的结论。她指出可能造成的原因为孩子数量质量的有效转换不仅要考虑收入水平影响，还应考虑非货币因素（生产方式、生育文化等）的作用；当收入未达到一定水平时，由于生育文化的作用和生育观念改变的滞后性，收入的增加反而会强化对孩子数量的需求，使孩子数量增加。

与上述观点相反，牛建林（2002）通过对2001年河南省农村45岁以下已婚妇女生育意愿和生育行为的调查数据分析发现，这一时期我国农村妇女的孩子数量与质量偏好已呈现一种相对稳定的局面，质量替代数量现象相对独立和普遍。研究还指出，受生育政策、社区文化、传统观念和妇女受教育程度的影响，农村地区性别偏好（男孩偏好）等现象仍然存在。

王芳、周兴（2012）采用分位数回归方法对2009年"中国健康与营养调查"相关数据进行分析研究，认为在生育政策和社会经济发展双重效力下我国农村地区实现了子女质量替代数量。指出孩子的数量、质量在男女间的替代效应不同，使得父母可能更偏爱男孩。此外，独生子女家庭确实对孩子素质的提高有显著且积极的作用，但从整体而言，双子女家庭孩子的成长更优于独生子女家庭。

翟凌云（2013）采用数值模拟方法，结合2010年中国老年人口存活率数据分析，从我国人口政策角度观察，认为低生育率尽管会加剧我国人口老龄化趋势，但会促进人均教育投资和人力资本积累，经济发展方向最终由两个作用方向相反力量的强弱对比而决定。

从以上文献综合来看，对我国农村地区是否存在"子女质量对数量的替代关系"尚未形成统一的认识。替代关系的产生是一个复杂的，有关于经济收入、社会地位、人力资本存量、劳动力市场参与程度等家庭微观变量，和社会经济发展、教育回报、劳动力市场发育程度等宏观变量的影响过程。期间受到收入效应和替代效应两方面的此消彼长，在中国尤其受到以计划生育利益导向政策为主的家庭公共政策环境的影响。

二、"子女数量-质量替代"的理论框架

（一）Leibenstein "子女成本-效用"理论框架

Leibenstein 的"子女成本-效用"理论引用西方经济学的思想，认为子女与商品相似，对于家庭来说，养育孩子需付出成本，同时也会带来收益。如果成本大于收益，则家庭生育决策为少生，反之，则选择多育。Leibenstein 还指出，养育孩子的成本包括两部分：一是直接成本，即从孩子怀孕时期到生活能够自立期间父母花费在孩子身上的所有费用的支出；二是间接成本（机会成本），即父母为抚养孩子期间所损失的接受教育和带来收入的工作机会。孩子带来的效用主要有三种：一是消费效用，孩子被作为消费品看待，指父母从孩子本身直接得到的效用；二是经济效用，指孩子作为劳动力为家庭经济收入所起到的作用；三是潜在保障效用，即"养儿防老"的效用。

（二）Becker "子女数量-质量替代"理论框架

Leibenstein 的理论认为孩子的效用只由孩子数量决定，并没有考虑到孩子的"数量-质量替代"关系。Becker 在此基础上引入孩子质量这一概念，并将孩子质量作为父母效用最大化的一个选择变量，即父母在一定收入水平下可以通过子女数量-质量的替代来实现效用最大化。Becker 还在家庭嗜好不变的假定下，提出孩子的数量与质量之间存在负相关关系，孩子数量、质量间可以相互替代。收入的提高产生了孩子质量对数量的替代效应，原因是替代效应超过了收入效应，使家庭生育孩子的数量减少。

把 Becker 的"子女数量-质量替代"理论数理化，用 U 表示效用，I 表示收入，n 表示孩子的数量，q 表示孩子的质量，x 表示其他商品的消费量，p 表示孩子数量与质量整体的价格，p_n 表示其他商品的价格，其表示形式如下：

$$\max_{n,q,x} U = U(n, q, x) \tag{1}$$

$$\text{s.t.} \ I = nqp + xp_x \tag{2}$$

用 MU 表示边际效用，λ 表示收入的边际效用，p_n 表示孩子数量的影子价格，p_q 表示孩子质量的影子价格，则一阶条件如下：

$$MU_n = \lambda qp = \lambda p_n;$$
$$MU_q = \lambda np = \lambda p_q;$$
$$MU_x = \lambda p_x \tag{3}$$

根据一阶条件，p_n 与 q 正相关，p_q 与 n 正相关。这表明，当孩子的数量增加时，要提高更多孩子的质量，父母将花费更多的成本；同样，当孩子的质量提高时，高质量的孩子要花费更多的成本，父母多生育一个孩子需要花费更多的成本。

在考虑收入对"子女数量-质量替代"的影响时，假定收入高的父母相对而言更加偏好孩子的质量，则父母在提高孩子质量的同时必然要减少孩子数量。(2) 式中，当收入 I 增加时，保持孩子数量 n 不变，假定 p、p_x 与收入无关，我们可以得到 q 和 x 增加。而当 q 增加时，由（3）式可知，p_n 与 q 正相关，p_n 增加，λ 为收入的边际效用，假定为常量，而 MU_n 为 n 的减函数，因此要使（3）成立，n 必然减少。

本研究认为，随着家庭收入提高时，子女数量与质量的替代关系才会形成。那么西部调研农户整体经济收入较低，是否形成了子女质量对数量的替代呢？

第二节 从"少生快富工程"看西部农村家庭生育决策

"少生快富"工程是国家计生委"三项制度"①之一，对我国西部地区稳定生育水平，实现人口与资源环境的协调可持续发展产生了深远影响。旨在通过经济奖励和政策扶持方式，鼓励符合政策规定可以生育 3 个孩子的夫妇生育 1 个孩子，以此引导农户少生优生、脱贫致富。自 2006 年开始，"少生快富"工程写入国家"十一五"规划，并在内蒙古、海南、四川、云南、甘肃、青海、宁夏、新疆等八省区得以推广实施。

本研究调研采访地点设定为甘肃、宁夏少数民族聚集地区中参加"少生快富"工程较为集中的广河县、和政县和泾源县。

作为我国西部地区广泛采用的一项计划生育利益导向机制，本次调研专门设计了有关"少生快富工程"的问题。如果将参加或不参加这一项目看作是家庭整体决策结果的话，那么"少生快富工程"就反映了调研农户的生育意愿和最终的生育决策。虽然其中会有一大部分家庭，参与原因在于项目带来的经济补偿或者配套扶贫项目，而不是更看重子女质量为此放弃子女数量，但生育决策的结果都确实是放弃了子女数量的追求。因此，本书认为，"少生快富工程"参与与否，代表了家

---

① "三项制度"包括：国家人口计生委实施的农村部分计划生育家庭奖励扶助制度、特别扶助制度和"少生快富"工程。

庭不同的生育决策。

一、是否存在子女性别偏好？

Becker 的家庭经济学分析中，没有考虑子女性别的差异性。但通过前面对西部调研农户的分析，可以预测西部农户中是存在子女性别偏好的。因此，本节首先检验在调研西部农户中，子女性别偏好的存在性。

调研农户中存在无子女户，生育子女数最大为 7 人。其中最多生育 5 个男孩，女孩最大值为 5 人。统计得出样本中所有子女总数为 2233 人，其中男孩个数 1323 人，女孩个数 910 人，男女性别比为 1.31∶0.90，男生比女生偏多，调研家庭存在子女性别比失衡。

进一步分析微观家庭内部子女性别结构，如表 4-1 和表 4-2 所示，发现：在 1010 个有效样本中，生育孩子总数为 1 的家庭，生育男孩数为 104 户，女孩 42 户，差距较大；生育孩子总数为 2 的家庭，生育 1 男 1 女为 329 户，生育 2 男的为 216 户，生育 2 女的仅为 29 户，差距更为明显；生育 3 孩或更多孩子的数据虽较为分散，但不难看出，生育 1 男多女的家庭较多。从描述统计中可以初步判断，调研地区农户的确存在"子女性别偏好"现象。

表 4-1　　　　　　　　不同子女规模家庭中的男孩个数

		生育孩子总数								合计
		0	1	2	3	4	5	6	7	
男孩个数	0	11	42	29	13	2	0	0	0	97
	1	0	104	329	86	27	5	1	0	552
	2	0	0	216	83	16	6	0	0	321
	3	0	0	0	21	8	4	1	0	34
	4	0	0	0	0	1	3	0	0	4
	5	0	0	0	0	0	1	0	0	1
	6	0	0	0	0	0	0	0	1	1
合计		11	146	574	203	54	19	2	1	1010

表4-2　不同子女规模家庭中的女孩个数

		生育孩子总数								合计
		0	1	2	3	4	5	6	7	
女孩个数	0	11	104	216	21	1	1	0	0	354
	1	0	42	329	83	8	3	0	1	466
	2	0	0	29	86	16	4	0	0	135
	3	0	0	0	13	27	6	1	0	47
	4	0	0	0	0	2	5	0	0	7
	5	0	0	0	0	0	0	1	0	1
合计		11	146	574	203	54	19	2	1	1010

二、家庭规模、结构与"子女数量-质量替代决策"

（一）家庭规模与家庭生育决策

为更好地观察家庭子女数量对子女质量的影响，以及家庭结构中子女性别可能导致的不同研究结果，本文将总体样本区分参加"少生快富工程"项目家庭和不参加"少生快富工程"项目家庭。有532户家庭参加了"少生快富工程"项目，有效百分比为52.1%，487户家庭未参加"少生快富工程"项目，有效百分比为47.7%①。如表4-3所示。

表4-3　"少生快富工程"的参与比例表

		频率	百分比	有效百分比	累积百分比
有效	是	532	51.8	52.1	52.1
	否	487	47.4	47.7	99.8
	99999	2	0.2	0.2	100.0
	合计	1021	99.3	100.0	
缺失	系统	7	0.7		

注：表格中99999代表离散缺失值，下同。

---

① 本书图表中出现的99999如无特殊说明，均代表离散缺失值。

甘肃省农户的调研问卷发现,"少生快富工程"的确实现了"少生",但却并没有达到"快富"。

将是否参加"少生快富工程"与家庭规模做交叉表,如表4-4所示。发现:在参加"少生快富"工程的家庭中,四口之家人数最多,占受访家庭总数的22.5%,其次为六口之家,占总数的11.3%,第三为五口之家,占总数的10.1%,数据较集中;而不参加'少生快富工程"的受访者家庭规模数较分散,规模人数在四、五、六人的家庭分别占总样本的9.4%、12.7%、12.6%。可见,"少生快富工程"对控制家庭人口数量起到较为明显的效果。

表4-4　　　　各规模农户参加"少生快富工程"的比重

		是否参加"少生快富"工程（占总户数的比重）		合计
		不参加	参加	
受访者家庭规模	1	0.1%	0.1%	0.2%
	2	0.1%	0.4%	0.5%
	3	3.1%	4.1%	7.2%
	4	9.4%	22.5%	31.9%
	5	12.7%	10.1%	22.8%
	6	12.6%	11.3%	23.9%
	7	4.6%	1.7%	6.3%
	8	2.4%	1.1%	3.5%
	9	1.5%	0.6%	2.1%
	10	0.6%	0.2%	0.8%
	11	0.3%	0.1%	0.4%
	12	0.3%	0.0%	0.3%
	13	0.1%	0.0%	0.1%
合计		47.9%	52.1%	100.0%

参加"少生快富工程"的原因以"满足现状,不想再生了"所占比例最高,为30%。而"工程的配套措施有吸引力"比重最小,仅为0.7%,这说明了该项工程配套措施还不足以满足人们的预期。如表4-5所示。

表 4-5　　　　甘肃省调研农户参加"少生快富工程"的原因分析

		频数	频率	有效频率	累计频率
有效	不想再生	306	30.0	58.2	58.2
	身体原因不能生育	37	3.6	7.0	65.2
	政府做工作争取	81	7.9	15.4	80.6
	奖金有吸引力	68	6.7	12.9	93.5
	工程的配套措施有吸引力	7	0.7	1.3	94.9
	其他	27	2.6	5.1	100.0
	合计	526	51.6	100.0	
缺失	系统	494	48.4		
	合计	1020	100.0		

甘肃省参加"少生快富工程"的时间多在2009年左右，奖金主要用于日常生活消费，有效百分比竟然达到了51.5%。其次便为盖房子、投入农业生产、治病、还借款等其他生活所需，而在促进家庭发展方面使用较少，如投资经营项目、教育或培训投资。如表4-6所示。

表 4-6　　　　"少生快富工程"奖金用途

	频数	频率	累计频率
生活消费	268	51.5	51.5
投入农业生产	44	8.5	60.0
投资经营项目	37	7.1	67.1
教育培训投资	11	2.1	69.2
治病	38	7.3	76.5
房屋修建	76	14.6	91.2
存起来	4	0.8	91.9
偿还借款	36	6.9	98.8
其他	5	1.0	99.8
合计	520	100.0	

(二) 家庭人力资本禀赋与生育决策

一般认为,母亲的受教育水平是家庭生育决策的影响变量。如果从受访者的受教育水平来看参加"少生快富工程"与否的话,如表4-7所示。发现:参加"少生快富"工程的家庭在人力资本禀赋上呈现两极性。在母亲学历比较高的"本科及以上"家庭样本中,参加"少生快富"工程比例高于不参加的家庭。这说明了母亲受教育水平的提高,促进了家庭生育决策中对子女质量的追求。

表4-7　　　　　　　受访者文化程度与家庭生育决策交叉表

		是否参加"少生快富"工程项目		合计
		不参加	参加	
受访者文化程度	本科及以上	0.1%	0.2%	0.3%
	大专	0.3%	0.1%	0.4%
	中专	0.1%	0.0%	0.1%
	高中	1.5%	0.5%	2.0%
	初中	5.0%	3.5%	8.6%
	小学	13.7%	15.1%	28.7%
	文盲	27.2%	32.8%	59.9%
合计		47.8%	52.2%	100.0%

而另一方面,母亲学历比较低的家庭样本参加"少生快富工程"的比例也高于不参加的家庭。受教育水平为小学、文盲的家庭参加"少生快富工程"的比例分别达到了15.1%和32.8%,比不参加的受访者(13.7%、27.2%)要高。但这里并非是家庭对子女"质量"的要求,而更多的应该是经济原因。女生受教育水平低下的家庭,往往也是经济条件较差的家庭。

(三) 就业状况与家庭生育决策

从受访者当前就业状况来看,首先,就业状况为纯农业的受访者,其参与与不参与"少生快富工程"的比例相当,且都占了总调研样本的大部分。其次,就业状况为纯非农业的受访者,其参加"少生快富工程"比例较大。如受访者就业状况为"个体工商户(不雇人)"时,参加"少生快富工程"的比例(3.8%)远高于不参加的比例(1.6%),商业、服务业人员和一般工人,以及个体养殖户的参加比例(分别为1.7%、3.1%、0.8%)也高于不参加的比例(分别为0.5%、

2.0%、0.5%)。第三,"兼业"状况的受访者,其不参加"少生快富工程"的比例较大。兼业人员不参加"少生快富工程"的家庭占总家庭样本量的2.6%,大于参加这一工程的家庭比重(1.6%)。如表4-8所示。

表4-8　　　　　　　　受访者就业状况与家庭生育决策交叉表

	计数(比例)	是否参加"少生快富工程"	
		不参加	参加
受访者当前工作或就业状况	政府公务人员或事业单位工作人员	4 (0.4%)	4 (0.4%)
	专业技术人员或技术工人	4 (0.4%)	2 (0.2%)
	个体工商户(不雇人)	16 (1.6%)	39 (3.8%)
	商业、服务业人员	5 (0.5%)	17 (1.7%)
	一般工人	20 (2.0%)	32 (3.1%)
	个体养殖户	5 (0.5%)	8 (0.8%)
	纯农业劳动者	320 (31.5%)	333 (32.8%)
	兼业人员(半工半农)	26 (2.6%)	16 (1.6%)
	村干部	7 (0.7%)	5 (0.5%)
	料理家务	67 (6.6%)	60 (5.9%)
	丧失劳动能力者	4 (0.4%)	7 (0.7%)
	上学	0.0%	0.1%
	其他	8 (0.8%)	6 (0.6%)
合计		486 (47.8%)	530 (52.2%)

第三节　家庭生育决策过程:成本-效用分析

家庭子女规模、性别偏好、生育间隔等,仅仅只是家庭生育决策的结果。这一结果是如何产生的,则需要更深入分析家庭生育决策的过程。我们假设,家庭是理性的决策单位,家庭生育决策是基于对生育效应和成本比较和权衡的结果,也包含了决策过程中决策主体、决策目标的演变。

一、家庭生育决策过程及其转变

家庭生育决策的过程主要包括基于生活经验和有限知识（有限理性，受到社会、文化、环境、政策、邻里等的影响）对家庭未来需要和未来利益关系的预测、生育预期、生育决策和生育行为等部分。

（一）决策参与者的转变："个体决策"到"集体决策"

家庭生育决策过程与家庭权力分配关系密切，而家庭权力分配在很大程度上是与家庭劳动分工联系在一起的，并且家庭内部丈夫与妻子之间年龄差距、受教育程度差异，都会决定夫妻双方在家庭决策博弈中的地位，家庭劳动参与率或是为家庭带来的经济收入越高的一方，在家庭生育决策上拥有更高的话语权。

在我国，长期以来，大多是以丈夫为主导的传统夫权家庭，即传统的男主外、女主内的家庭，所以生育决策往往由丈夫个人占决策主导地位。但是随着经济发展水平越来越高，女性的受教育水平大大提高，劳动参与率上升，同时性别收入差距也有所缩小，女性在家庭生育决策中获得更高的自主权，决策地位也相应提高。家庭生育决策的主体开始由个人决策转变为大多数家庭成员参与的集体决策。

（二）生育目的的转变："生存型"到"发展型"

诺特斯坦（1953）提出家庭生育变动的原因在于生育动机的改变。人们倾向于减少生育数量是因为在工业社会中子女经济价值降低，而养育成本提高。

以往，由于生产效率低下，家庭生育多是为了增加劳动力。同时，社会保障制度的不健全导致养老形式主要是家庭养老，在这种情况下家庭普遍倾向于生育多个孩子以达到"养儿防老"的目的。

近年来，随着社会政策改革、经济体制转变和社会保障制度的日益完善，家庭也正在实现从"生存型"到"发展型"的演变，家庭决策出发点由偏重当前家庭需求转为偏重家庭未来发展需求。与此同时，家庭生育的目的也不仅仅局限于维持家庭生存，而转变为更高级的、注重家庭发展的目的。

（三）决策环境的转变

计划生育利益导向政策逐渐从"强力限制生育"到"引导合理生育"转变。我国曾为了限制人口的增加，缓解过多人口带来的压力，实行强力的计划生育政策。而近年来，随着我国人口老龄化的加剧、独生子女家庭的脆弱性，政府开始逐渐放开二胎，希望通过这种方式减缓压力。

此外，政府还实施了一系列普惠性政策，例如新农村合作医疗（新农合），新型农村社会养老保险（新农保），九年义务教育政策等，以完善中国社会保障制度，以减轻生养负担、减少抚养孩子的成本，鼓励人们生育二孩。

二、家庭生育的成本与效用

家庭生育的成本-效用分析属于西方微观人口经济学的范畴，孩子成本效用理论认为，孩子是家庭生产出来的耐用消费品，家庭生育孩子存在成本，但也会带来效用。家庭为了追求效用最大化，通过比较生育孩子的成本与效用来做出生育决策。当成本大于效用时趋向于少生育，反之则会选择多生育。

（一）孩子的成本划分

1. 西方人口经济学家的划分

莱宾斯坦（1954）把孩子的成本分成了两部分：直接成本和间接成本。直接成本是指从怀孕起到孩子出生，并成长到生活自立时止的期间内父母花费的种种抚养费用（包括衣、食、住、行的费用支出）、教育费用、医疗费用及其他支出。间接成本是指父母为抚养和培育一个新增孩子所损失的受教育和带来收入的机会，所以又称为机会成本。间接成本主要包括：（1）父母直接损失的工作时间而减少的工资收入；（2）父母因照料孩子失去受教育、工作流动的机会，从而失去获得更好职业和更高收入的机会；（3）由于照料和抚育新增孩子，父母及其他家庭成员消费水平下降、闲暇时间减少等在消费上的"牺牲"。

王远伟（2009）以对中国11个城市2000多个大、中、小学生家庭的教育投入情况调查数据为基础计算得出，有在学人口的城镇居民家庭每年家庭教育支出负担率约为48.13%。大学生每年生均学校支出，主要包括学杂费、住宿费等为7040.27元，校外支出，主要包括考证、培训、购买电脑等为7464.16元，两项相加接近1.5万元。这个数字相当于农村家庭1年的纯收入，相当于城镇家庭年可支配收入的30%[①]。

此外子女结婚成家的相关费用在城镇家庭子女支出中也逐渐凸显。徐安琪（2004）的调查显示，除了子女年幼尚未考虑此事的之外，三分之一以上有儿子的父母认为应尽全力帮助儿子解决结婚住房问题。有女儿的父母也有15%认为应尽能力承担女儿的结婚住房费用，部分家庭已为待婚子女的结婚住房支付了3~50万元的费用。

贝克尔（1960）在沿用莱宾斯坦关于孩子成本概念的基础上，又进一步提出了

---

① 此数据根据国家统计局2009年农村居民家庭人均纯收入、2009年城镇居民人均可支配收入结合第六次人口普查家庭规模测算得出。

孩子净成本①的概念。并提出了不变成本（数量成本）和可变成本（质量成本）。认为，用于孩子基本生活费用和母亲怀孕、分娩期间的直接成本和间接成本，在一定时期是一定的，可视为不变成本或数量成本；而用于孩子健康、医疗、保健和文化教育方面的成本，是可变成本或质量成本。

2. 以经济、机会、心理、生理划分成本

结合中国国情，穆光宗（1993）将生育成本分解为经济成本、机会成本和心理成本。其中，经济成本和机会成本与上文所述莱宾斯坦的解释相一致。

谭雪萍（2015）进一步阐释为：经济成本主要包括孩子生活成本、教育成本；机会成本主要包括父母放弃受教育及发展事业带来的成本；心理成本包括父母放弃自由时间以及教育孩子的成本。

罗丽艳（2003），潘云华、陈勃（2011）认为孩子在家庭内的成本不仅包括直接的货币成本、间接的机会成本以及心理成本，还包括母亲的生理成本。母亲的生理成本指母亲为生育孩子所付出生理代价，包括怀孕期间的不便及不适感，生产时的痛苦和相关的健康风险，照料孩子的疲劳等。

侯亚非2002年对北京市的调查中，在"您认为您生育孩子可能会受哪些因素影响？（按重要程度排序）"一问中设计的9项答案中考虑最多的前三位是：收入、政策和事业发展。这些因素实际上改变或决定着家庭生养孩子的机会成本，从而影响家庭的生育决策。这些因素也就是影响生养孩子机会成本的因素。

父母对孩子的期望也加重了子女养育的心理成本。潘金洪（2007）的调研发现，76.7%的独生子女家长希望自己的孩子起码要读到大学；14.5%的独生子女家长希望自己的孩子起码能读到硕士、博士。非农业户口独生子女家长对独生子女的教育期望值更高；86.2%的家长希望独生子女起码读到大学；48.1%的非农独生子女家长希望孩子最好能够读到博士。

3. 内部成本与外部成本

罗丽艳（2003）认为一个新增孩子不仅需要家庭内部付出成本，而且需要家庭以外的他人和社会付出成本，即通常所说的外部成本。外部成本可分为自然成本和社会成本两大部分。自然成本主要是从自然资源禀赋的角度分析孩子的外部成本。当资源相对稀缺，逐渐成为人类的生存约束时，每一个新增孩子都会减少人均资源占有量，加重自然的负担，即自然成本。社会成本是从社会福利角度分析孩子的外

---

① 所谓孩子的净成本，就是把父母投入抚养、培育孩子的货币现值和时间影子价格现值之和，减去孩子为家庭提供的货币收入和服务现值的余额。

部成本。目前许多国家都为儿童提供义务教育、免费医疗保健和其他服务,这些费用需要社会统筹,构成孩子的社会成本。

邱红、王晓峰(2010)提出生育外部性的概念,认为生育外部性是指,由个人或家庭决定的生育行为,对整个社会发展所产生的影响。并提出生育成本包括私人成本和社会成本两部分。其中生育的社会成本包括三个方面:一是由国家和社会为儿童提供的各种福利支出,如国家在医疗、教育等社会公共物品上的人均支出;二是个人的生育行为给他人或社会福利带来的不利影响,如边际增量孩子的出生,会影响到别人对自然资源和社会资源的享用;三是应对人口出生高峰或性别结构失衡,国家额外付出的社会管理成本及其他各项费用。

综合来看,孩子的成本划分是基于莱宾斯坦对生育、抚养孩子的成本分析,并结合我国的国情以及社会的发展变迁进行的。一方面,在家庭内部的角度,引入了心理成本和生理成本,生育、抚养孩子的成本不仅仅是单纯的货币上的支出以及时间上的消耗,还有生理上的伤痛、疲劳以及心理上的压力等。另一方面,以社会为视角,引入孩子增加对家庭以外的他人以及社会的外部成本,生育这一行为虽然是家庭内部的微观决策,却会对整个社会产生影响,增加社会的负担。

(二)生育孩子的效用划分

1. 西方人口经济学家的划分

西方子女成本-效用理论认为,父母为抚养和培育孩子花费了成本,那就要从孩子身上获得效用或收益。孩子的效用主要包括:(1)消费效用,即孩子作为"消费品",给父母带来的精神上的欢乐和感情上的满足的效用。(2)劳动经济效用,即孩子作为"生产物品",给父母带来的经济收益。(3)经济风险效用,即孩子具有承担家庭成败风险的效用。(4)老年保障效用,即孩子作为"保障潜在源",对父母晚年生活的潜在保障效用。(5)维持家庭地位的效用,即孩子作为家庭再生产的一个链条在家庭的维持和发展中的效用。(6)对扩张型家庭作贡献的效用,即孩子在扩大家庭规模方面的效用(吕红平,1998)。

2. 以经济、非经济划分效用

穆光宗(1993)认为中国人所考虑的生育效用大致可分为经济效用和非经济效用两类。经济效用指新生儿成人后可增强家庭的经济实力。非经济效用又可进行进一步的划分:(1)预期保险效用。父母害怕老来无靠,于是"养儿防老"。(2)传宗接代效用。体现在两方面,一方面血脉的自然延伸满足了中国人一种根深蒂固的社会心理偏好,中国人对自家的姓氏自古就格外重视;另一方面主要可以承继前辈的遗产乃至遗风、遗教,光耀门庭。(3)天伦之乐效用。中国文化特别重视

"家庭"这一概念，主张充分享受家的温馨。另外，子女的成就可以为父母带来荣光和骄傲，也可以说是颇具中国特色的消费——享乐效用。

谭雪萍（2015）将生育孩子的效用主要划分为经济效用、保险效用、传宗接代效用及享乐效用。其中，经济效用主要包括孩子未来为家庭带来的财富；保险效用主要包括未来父母养老的保障、避免未来成为空巢老人的保障以及孩子成才的保障；传宗接代效用包括使家族人丁兴旺；享乐效用包括孩子使父母精神上得到满足。

3. 外部效用

罗艳丽（2003）认为一个新增孩子不仅给家庭带来各种效用，对家庭以外的他人和社会也会产生一定的外部效用。外部效用主要包括两方面：一是创造需求效用。一个新生儿从在母体中孕育开始，直到长大成人的整个过程中都在创造需求。这种需求是多方面的，有食品、营养品、药品、服饰、玩具、游乐设施、住房等物质产品需求；也有教育、医疗、旅游、保险等各类服务需求。二是为社会提供服务的效用。孩子为社会提供的服务是有限的，在婴幼儿和儿童时期几乎不可能提供任何社会服务，青少年时期可能通过帮助邻里或在学校的组织下参加一些社区服务和义务劳动，也有一些青少年以提前就业的方式为社会提供服务。

第四节 基于标准生育经济模型的分析

一、样本选择

本研究使用的 2015 年甘肃、宁夏公共政策与家庭生计抽样调查数据，包含了甘肃和宁夏 3 个县 9 个乡镇 54 个村的 1028 个家庭样本。剔除暂时没有生育孩子的家庭，我们所采用的样本数量为 995，用以保证这些被调查的家庭至少有一个孩子。

在标准生育经济模型中（Becker，1960；Wilis，1973），影响生育的因素主要有经济约束、生育孩子的成本与效用、夫妻双方的婚姻与生理特征、相关社会经济要素等。对中国家庭的分析，还应关注公共政策对家庭生育决策的影响。基于前面对家庭生育决策的因素分析和问卷数据所限，本节将"子女中最高受教育水平"作为家庭对子女质量的追求，以生育子女个数为家庭生育决策被解释变量。将控制变量设定为：生育意愿、家庭收支状况、家庭人力资本情况、家庭社会网络、家庭生活资料禀赋和家庭决策结构，考虑到"少生快富"工程作为西部农村计划生育利益导向机制的重要政策形式，势必会对家庭生育决策产生影响，因此也将"是否参加少生快富工程"纳入控制变量中。表4-9给出了主要经济和人口变量的均值和标准方差。

表4-9 主要变量的均值和标准方差

变量名	平均值	标准差
妇女生育子女数	2.19	0.887
妇女婚龄	19.48	3.112
妇女年龄	37.07	8.977
丈夫年龄	39.52	9.512
妇女受教育年限	2.84	3.714
丈夫受教育年限	5.27	3.903
家庭财产（元）	147972.74	157041.925
劳动力年均收入	58765.75	75788.505

可知，在本次抽样的有小孩的家庭中，女性平均受教育水平稍低于中等教育程度，平均为2.84年，而丈夫平均受教育年限（5.27年）显著超过妻子。受访女性中大多数为文盲（59.6%），小学以下文化程度的女性占88.4%。

平均初婚年龄比较早（18.71岁），丈夫平均比她们大两岁。2015年，她们平均年龄是37.07岁，平均婚龄是19.48年，平均已有子女2.19人。平均家庭财产为147972.74元。而家庭的劳动力年均收入为58765.75元。

二、变量选择与模型构建

自变量为孩子质量，在本研究中选用"家庭子女最高受教育水平"。其他模型控制变量包括：

家庭收支状况包括了"2014年全年家庭毛收入"和"上一年的家庭电费开支"两个变量。问卷中对支出的问题设置虽然较多，但准确性不够。电费开支更加准确且在家庭户之间具有显著差异，另外，耗电量也反映了家庭在上一年的家庭生活资料消耗。

家庭人力资本存量选择受访者（母亲）受教育程度和配偶（父亲）受教育程度度量。问卷中将接受最高教育水平未到小学设为0，小学阶段设为1，初中阶段设为 2，高中及以上设为 3。

家庭社会网络会影响家庭生育决策，尤其在我国农村。父代家庭以及社区周围家庭，都可能成为家庭生育决策的参与者与影响者。本文选择"重要节日期间往来走动的亲戚朋友有多少家"为家庭社会网络的度量指标。

家庭禀赋是家庭决策的基础，对于家庭生育决策而言，家庭的基本生活水平保障是实现生育决策的基本条件。调研过程发现，在家庭生活资料中，洗衣机、电视机、电冰箱往往为"嫁妆"，大多数家庭都拥有但也搁置未用，不能代表家庭发展过程中的生活资料禀赋。因此本书选择"家庭拥有电饭锅的个数"来指代家庭禀赋。

家庭决策结构是本次调研的重要部分，以往的研究中常将家庭生育、子女教育等简单设定为家庭整体决策的结果，假定家庭内部成员效用函数相同，也就是单一决策模式（unitary model）。但其实家庭内部一直都存在着主导决策者和听从者。本书中将"采用新种子或新的农业技术由谁决定①"来指代家庭决策结构。

参加与未参加"少生快富工程"的家庭中，子女质量对数量的替代关系，发生过程是不一样的，因此模型中需要加入这一控制变量。

本章采用了如下计量模型来估算妇女生育子女数量：

$$C_i = \alpha + \beta M_i + \gamma E_i + \mu_i$$

C_i 是妇女 i 生育子女的数量；M_i 为自变量，是否参加"少生快富"工程；E_i 为控制变量，包括上面所列共 7 个变量，μ_i 是误差；其中 α，β，γ 均为常数。回归结果如表 4-10 所示。

表 4-10　　　　　　　　　　　　回归结果表

变量名	标准化系数		
	Beta	t	Sig.
（常量）		8.598	0.000
子女最高受教育水平	0.235	7.687	0.000
受访者受教育程度	-0.084	-2.681	0.007
配偶受教育程度	-0.137	-4.291	0.000

---

① "采用新种子或新的农业技术由谁决定？"这一问题的选项包括：自己（被访者）、丈夫、公公、婆婆、儿子、儿媳、全家共同决策、其他共 8 个选择。为单选题。

续表

变量名	标准化系数		
	Beta	t	Sig.
是否参加"少生快富"	0.301	10.239	0.000
生育意愿	0.178	6.120	0.000
家庭收入	-0.031	-1.085	0.278
电费支出	-0.049	-1.699	0.090
生活资料	0.091	3.024	0.003
社会网络	0.123	4.274	0.000
新技术决策	-0.031	-1.063	0.288

从回归结果来看，"子女最高受教育水平"显著正向影响了家庭生育数量。也就是说，对子女质量要求比较高的家庭，其孩子规模也较大。在西部调研农户中没有形成子女质量对数量的替代效应。

受教育程度显著负向影响家庭生育数量，父亲的受教育程度影响系数更大。这说明在西部调研农户中，受教育水平越高的父母，其生育子女的数量越少。而由于母亲受教育水平普遍很低，父亲的受教育情况就更加显著地影响了家庭生育决策。

家庭收支状况对生育决策影响不显著。本文认为，家庭收支对生育决策产生影响具有阶段性，只有当家庭经济状况达到一定程度之后，才会基于家庭资产传承对孩子数量需求、家庭社会地位提升对孩子质量投资等的考虑，产生数量与质量的选择。

家庭禀赋显著影响生育决策。家庭生活资料越丰富，家庭生活水平越好，生育子女个数也越多。这和家庭收支不显著影响生育决策一起，共同说明了，当前西部调研农户的家庭发展仍处于起步阶段。家庭决策在很大程度上仍只是受到基本生活资料禀赋的影响。

家庭决策结构影响不显著。与其他地区相比，西部农村家庭更加传统。女性在家庭决策中地位较低，只能作为家庭决策的参与者，而非主导者。

三、研究结论

首先，就调研西部农户而言，子女质量没有形成对子女数量挤压替代效应。子女最高受教育水平越高的家庭，子女数量规模越高。这和已有的研究结论相符。一方面，家庭中子女最高受教育水平较高，往往代表了家庭整体智力水平较高，家庭更容易实现经济增长，经济状况较好，更能够支付子女养育成本，子女规模也会更高。另一方面，子女最高受教育水平较高的家庭，其经济收入往往较好，对子女养育成本的承受能力更强，增加了生育意愿。

第二，调研西部农户中是存在子女性别差异的。Becker 的"子女数量—质量替代理论"中并没有考虑子女性别偏好带来的生育决策差异性，以本研究结论来看，在中国西部农村，已有子女的性别已经显著影响了家庭对子女数量和质量的投资选择。

第三，调研西部农户的家庭发展仍处于起步阶段，这是当地家庭生育决策研究的背景，不容忽视。反映在家庭生活禀赋而非生产资料，最终影响了家庭决策，家庭的收入仅能支持基本支出，也没能起到影响家庭生育决策的效果。

第四，传统的大家庭决策结构是对西部农户家庭决策研究的另一基本假设。家庭规模更大、结构更复杂是西部农户家庭基本特征，而在决策过程中，女性作为"媳妇"或者"儿媳妇"的角色，虽为生育主体，但却不能影响生育决策。这也可以从父亲受教育程度比母亲的影响更显著上得以证明。

总之，在调研西部农户中，家庭收入效应超过替代效应而占据主导地位。这一结论也可以从社会网络、家庭禀赋都正向影响孩子数量得出。也就是说，在西部农村，人口转变过程还没有完成，生育意愿更多地受到经济收入的压抑。但可以预见的是，随着社会地位、劳动力市场参与、受教育水平等的提高，收入效应会慢慢让位于替代效应，到那时，孩子质量对数量的替代关系才会产生。

第五章　西部农户的家庭教育决策——子女数量对质量的替代

理论上认为，子女数较少的家庭，由于可以付诸更多的时间、货币投资等，其子女质量会更高，如表现为受教育年限更长、工作后的收入更高、社会地位更高等。但对农村家庭的经验分析，却往往发现，计生家庭与非计生家庭中子女的"质量"并无显著差异。如果当计生家庭放弃了对"数量"的追求，却没有得到其子女"质量"的弥补时，也就成为了计生家庭风险的一个方面。

在过去，人们依赖于子女较多的"数量"来保证其至少有一个子女会是"较高质量"的，但当家庭面临计划生育利益导向政策的吸引、子女养育成本的约束以及女性生育机会成本日益增加时，家庭是否会转而追求子女质量，而非数量呢？这里的"子女质量"不仅包括子女经济收入、社会地位的追求，还包括子女性别带来的不同的家庭效用。进一步的，对质量的追求，是否会加剧家庭中子女性别偏好，导致更严重的性别比失衡呢？

考虑到西部调研农户普遍受教育水平较差，大多数处于义务教育阶段，义务教育制度就成为影响家庭教育投资决策的重要公共政策背景。本研究将在义务教育实施背景下，讨论西部农村家庭的子女教育决策，以及教育决策是否受到家庭子女规模的影响，子女数量是否产生了对子女质量的替代挤占关系。

第一节　我国的义务教育制度

受教育水平和生育率之间并不是简单的线性关系，并非受教育程度越高就一定代表生育率越低（慈勤英，1994）。一般认为，初中教育水平是引起生育率下降、一孩率上升、多孩率下降最明显的时间点。也就是说，九年制义务教育对于生育率下降具有门坎效应，育龄妇女完成九年制教育，即跨过这个门槛，其生育率才会有明显下降。因此，本书将义务教育制度，指代我国教育制度对家庭决策的影响。

根据联合国教科文组织在第36届大会通过的《2011国际教育标准分类》修订

文本，将国际教育体系依照教学内容复杂程度与专业程度，分为了从低到高9个等级。在我国，教育级别大致被分为了四个阶段，学前教育、初等教育、中等教育和高等教育（李仁和，2004）。余澜（2014）还在此基础上将中等教育分为初级与高级，并且增加高中后教育。

在此，本书将教育级别分为五个阶段，如表5-1所示。用以探讨其对于家庭生育决策的影响。

表 5-1　　　　　　　　我国教育级别分类

级别	名称	等同名称	内涵
0级	学前教育	幼儿教育	启蒙性质教育，由家庭教育向正规学校教育过渡阶段
1级	初等教育	小学教育	义务教育第一阶段
2级	初级中等教育	初中教育	义务教育第二阶段
3级	高级中等教育	高中教育	具备进入劳动市场基本能力
4级	高等教育	大学相关及以上教育	培养具备在劳务市场就业更强的知识、技能与资格

我国的义务教育依据《义务教育法》的修订规范划分可以分为两个阶段：

第一阶段是从1986年《义务教育法》颁布实施到2006年。九年制义务教育从20世纪80年代开始在我国各地推行。正值改革开放后，教育战线的拨乱反正放在了进行教育结构调整、重视教育质量上，于1985年出台了振兴教育的系统政策——《中共中央关于教育体制改革的决定》。《决定》第一次提出，中小学教育实行"地方负责，分级管理"；紧接着，1986年，《中华人民共和国义务教育法》正式实施，它除了实现了从"基础教育"到"义务教育"的教育观念彻底更新外，还进一步把"分级办学"的教育制度"法治化"。

第二阶段是2006年重新修订《义务教育法》至今，随着第一阶段"两基"目标的实现，我国义务教育从基本普及向全面普及发展，并由非均衡发展向均衡发展运行。新的修订进一步明确了适龄儿童、少年免试就近入学的法律原则，而且专门就保障流动儿童、少年平等接受义务教育、保证残疾儿童、少年及其他特殊群体的儿童、少年平等接受义务教育，都做了专门规定。同时，为了保证适龄儿童、少年在新时期接受到更为均衡、更为优质的义务教育，新的《义务教育法》确立了一系列事关新世纪义务教育发展方向与理念的重大法律原则和制度规范。

经过完善扩充后的义务教育的内容主要包括以下几个部分：①学生、学校、教师的权利与义务：义务教育是国家为保障适龄儿童、少年接受义务教育的权利，保证义务教育的实施，提高全民族素质统一实施的所有适龄儿童、少年必须接受的教育，是国家必须予以保障的公益性事业；②教育教学的内容与方法；③经费保障：国家实行九年义务教育，不收学费、杂费，义务教育全面纳入财政保障范围，经费由国务院和地方各级人民政府依照本法规定予以保障；④法律责任：针对违反本法的教师、政府人员和监护人进行相应处罚。

第二节 个体、家庭、社会与子女教育投资决策

家庭虽为教育投资的主体，实际却是受教育者个体智力情况、家庭成本与收益考虑、社会教育投资带来的受教育便利程度以及未来教育回报差异所共同影响的结果。

一、教育成本与父母受教育水平

在中国，学者们研究发现家庭教育投资与孩子数量成负相关，子女少一般教育投资压力小，子女多则在教育投资上有压力并且有偏好。从主观上，子女数量的差异也会造成家庭对子女教育期望的不同。

首先，教育成本限制子女数量。Rosenzwig & Wolpin（1980）认为在子女受教育的过程中，家庭需要花费大量的资源和投入，当孩子数量增加，而资源投入总量又有限的情况下，子女个数与其教育成就之间就会有显著的负向关联。Lino（1995）发现税后收入对子女的教育支出有正向影响，每增加10000美元将使教育支出增加9%。

第二，父母所受教育也会影响到子女所受教育情况，例如父母受高等教育，子女更可能也接受高等教育，因而教育成本上升，子女数量减少，更倾向于用子女质量代替数量，从而对孩子数量-质量替代产生影响。Christensen 等（1975）；Lillard 和 Willis（1994）；Smith 等（1995）；Bershadker（1998）研究均发现父母亲的学历越高其子女接受高等教育的意愿更强或更有可能接受高等教育。Werfhorst 等（2003）也认为父母亲的学历越高其子女选择职业前景更好的专业进行学习的可能性越大。Schnepf（2003）；Dustmann（2004）发现父母亲的学历越高

其子女选择就读职业学校的概率越小，而选择学术型（academic）学校的可能性越大。

二、家庭人口规模与结构：性别选择与孩子质量

一般将受教育水平作为孩子质量的指代变量，研究结论尚不统一。刘守义、刘佳君（2010）讨论了农村家庭子女数量对农村家庭教育投资目的与期望的影响。结果表明：随着农村家庭子女数量的增多，农村家庭通过教育投资实现子女考上大学以及社会流动的愿望越迫切。而 Mark R. Rosenzweig 和 Junsen Zhang（2009）通过双胞胎的出生体重、出生次序与独生子女进行对比，发现在中国的部分地区，额外生育一个孩子会显著降低家庭中所有孩子的教育发展、期望大学入学率、在校成绩和健康评估。

也有一些研究采用其他变量指代孩子质量。Haoming Liu（2014）使用中国健康与营养调查（CHNS）农村样本数据进行分析，考虑在放宽二孩的计划生育政策背景下，不同社区（高罚款、低罚款社区）孩子数量对孩子身高的影响。Liu 使用 HAZ[①] 作为孩子的质量的衡量，使用生育二孩的资格，未经批准生育的罚款，以及它们对生育率的相互作用作为工具，使用工具分位数回归法研究两者的平均效果和在不同百分位的效果，得出孩子数量对孩子的身高显著负相关这一结论。

近些年，研究逐渐深入，在分析中已考虑了更多影响因素。Angrist、Lavy 和 Schlosser（2005）认为在控制了生育率的内生性之外并没有发现大家庭规模的负面影响。而 Black、Devereux 和 Salvanes（2005）认为一旦控制生育次序的影响，则家庭规模对孩子质量的影响为负。

"性别偏好"也开始纳入研究中来。在贝克尔理论中将孩子性别假设为中性，但实际上孩子具有性别特征，并通过教育表现"社会性别"。Nancy Qian（2009）发现，在控制性别之后，会产生不一样的结论。在性别相同的情况下，额外生育一个孩子会明显增加第一个孩子约 16% 的入学率。王芳、周兴（2012）发现，双子女家庭更加易于儿童的成长，且对于拥有两个以上孩子的家庭而言，其孩子性别比例越均衡，孩子的质量越高。子女作为特殊消费品给父母带来效用，但男孩和女孩有很大差异。男孩的劳动经济效用、养老保险效用、给父母带来的财产利益、维系家庭地位的效用以及传宗接代等方面都优于女孩。因此，家庭有可能通过对孩子性别的选择而完成对数量的替代（张苹，2007）。也有学者直接将性别纳入孩子质量

---

① HAZ，即 height-for-age z-scores，可译为按年龄计算相对身高的 z 评分。

的质量衡量中（牛建林，2002）。

杨成钢（2009）认为在现有生育政策环境下，人们可能通过性别选择来实现孩子效用。家庭会选择用孩子性别对孩子数量进行替代，且很可能优于质量替代。同时，这种性别替代与现行生育政策密切相关。

三、宏观制度的影响：经济体制、社会政策

王学思（2002）阐述了我国在不同体制下的家庭决策行为。我国在传统计划经济体制下，国家实行统包统分的完全就业政策，所以根本不存在母亲就业与生育孩子数量的替代，生育孩子数量与质量的替代。反而由于生存资料按人口分配，刺激了家庭的多生多育行为。随后，我国全面推行计划生育政策，生育率大幅降低。此外，市场经济体制促进了家庭生育孩子质量成本对数量成本的替代，进而有效抑制了家庭的生育意愿，稳定地降低了生育率。

许艳丽（2007）认为，独生子女家庭倾向于通过增加教育投资提高孩子质量，这在很大程度上有利于女孩教育，对推动性别平等具有积极作用。但是由于传统社会性别规范影响，两性教育投资仍存在差异，并会通过教育投资表现出"社会性别"反映。而独生子女家庭人力资本投资不仅是"孩子人力资本生产"，也是"社会性别生产"，要想完全实现独生子女人力资本投资的性别平等，就必须改变传统社会性别文化。

李建民（2000）认为孩子质量对孩子数量的替代机制是我国人口生育率下降积极经济后果的实现的基础之一。这种机制的社会需求是父母在降低生育水平以后将会对孩子质量投资的强烈需求。同时，孩子质量对孩子数量的替代是生育率下降积极经济后果实现的基础性替代。这种替代机制的建立可以使经济增长和发展的内生性要素——人力资本的存量获得迅速增加，从而为我国经济的持续、健康的发展奠定必要的基础。

第三节 子女数量对质量的替代：模型与实证

家庭子女教育决策受到诸多因素的影响，本研究将"家庭教育支出"作为被解释变量，以"家庭子女数量"为解释变量，分析家庭中生育决策对之后子女教育投资决策的影响作用。

一、变量选取与指标替代

被解释变量—家庭教育支出①

研究表明,教育是提高子女质量（人力资本积累）最基本的手段,故本研究以家庭教育支出作为因变量 Y。家庭教育支出 Y 通过样本家庭中上一年度平均每名子女的教育花费计算得出。

解释变量—生育子女数量。问卷中有询问到受访者生育子女数,故可直接代入计算。

控制变量包括：

母亲的受教育程度：调研问卷中提及家庭成员的文化程度（①本科及以上；②大专；③中专；④高中；⑤初中；⑥小学；⑦文盲）,可换算成数值代入计算：②①本科及以上：≥16, 取值 $X = 16$；②大专：取值 $X = 15$；③中专：取值 $X = 11$；④高中：取值 $X = 12$；⑤初中：取值 $X = 9$；⑥小学：取值 $X = 6$；⑦文盲：取值 $X = 0$。

父亲的受教育程度：与母亲受教育程度取值相同。

母亲的年龄：问卷中询问了受访者的出生年份,换算成母亲的年龄计算。

父亲的年龄：问卷中询问了受访者配偶的出生年份,换算成父亲的年龄计算。

家庭年收入：由于问卷中受访者填写的家庭上一年度全年毛收入为大概值,缺乏准确性,故本研究对家庭年收入进行重新计算,涉及以下项目的加总：纯农业收入（出售粮食作物的收入+出售经济作物的收入+出售蔬菜水果的收入）、畜牧水产收入、工资性收入（打工报酬）、经营性收入（包括林木、苗木和花卉的销售收入,经商收入,办厂收入等）、公共转移收入（包括低保、退耕还林还草、良种补贴、移民补助等）、私人转移收入、其他收入。

对子女的受教育水平期待：问卷中有直接询问受访者希望子女受教育到什么水平,可直接采用。

二、模型建立与计量分析

由于总体样本数据中家庭教育支出存在较多缺失或者数值为 0,为使模型更准确,本文选取经过筛选的有效样本数据进行实证分析,有效样本数为 243 户。根据

---

① 本文计算家庭教育支出指家庭中每个子女的平均教育支出。
② 计算取值为整数,不考虑辍学情况。

上述模型得出的回归结果如表 5-2 所示。

建立模型如下：

$$Y_i = \beta_0 + \beta_1 X_{1i} + \beta_2 X_{2i} + \cdots\cdots + \beta_n X_{ni} + \varepsilon, \qquad i=1,2,n$$

模型中因变量 Y 为平均家庭教育支出。对于自变量，则采用逐步筛选的方式进行自动筛选，最终选择了以下自变量 X，分别为生育子女数量、家庭年收入、受访者年龄和对子女的受教育水平期待。

β_0 为截距，β_1 至 β_n 分别为各项变量的回归系数，ε 为方程的误差项。误差项 ε 与各个自变量相互独立，且具有正态性、同方差、零均值的特征，主要用来解释变量观测值与真实值之间的差距。

从表 5-2 中可知，模型所选取的自变量对于因变量的影响都是显著的。选取的自变量的容差均接近 1，且方差膨胀因子（VIF）数值在 1 附近，说明自变量间存在多重共线性的可能性较小。

实证分析结果显示：

回归模型中生育子女数量的系数为负，说明西部调研地区家庭生育子女的数量与子女的受教育程度存在负相关性。家庭中平均每多出生一个孩子，教育支出将会减少 0.146 个单位。也就是说，在西部调研农户中子女数量形成对质量的挤压替代效应。

家庭收入显著影响家庭子女教育投资策略，且影响程度较大，影响系数为 0.588。在西部调研农户中，家庭存在对子女教育投资的需求，当收入增加到足以保障家庭基本生活所需之后，家庭教育投资便会形成。

母亲的年龄显著影响家庭子女教育支出。首先，可能是母亲年龄越大，家庭规模一般也会越大，家庭的生命周期阶段已经从核心期发展到扩展期，甚至衰退期，有较大子女参与就业，同父母一起支付兄弟姐妹的教育花费。另外，母亲年龄较大，可能是由于母亲受教育程度较高导致的晚婚和晚育，母亲的受教育程度会正向影响家庭的教育投资策略。

家庭中对子女受教育程度的主观期待，是正向影响其实际教育支出的。

表 5-2 回归分析结果

模型		标准系数	t 值	Sig.
1	（常量）		4.111	0.000
	家庭年收入	0.603	11.73	0.000

续表

模型		标准系数	t值	Sig.
2	（常量）		-3.194	0.002
	家庭年收入	0.591	11.85	0.000
	受访者年龄	0.207	4.165	0.000
3	（常量）		-2.591	0.010
	家庭年收入	0.590	12.00	0.000
	受访者年龄	0.261	4.932	0.000
	生育子女数量	-0.144	-2.733	0.007
4	（常量）		-3.353	0.001
	家庭年收入	0.588	12.048	0.000
	受访者年龄	0.274	5.183	0.000
	生育子女数量	-0.146	-2.789	0.006
	对子女教育期待	0.104	2.122	0.035

三、研究结论

第一，通过描述统计分析和回归模型的检验，证实了子女数量与家庭对子女的教育投入间存在负相关性，即当家庭所能提供资源（家庭收入）有限时，人均教育资源（家庭教育支出）将随着孩子数量的增多而减少，这不利于孩子人力资本的积累。

第二，经济状况越好的家庭，孩子的平均教育支出越高，孩子的受教育程度也随之增高。家庭经济状况越好，可支配的资本越多，父母对于子女的受教育水平期待越高，更愿意增加家庭教育支出，孩子的受教育程度增高，人力资本积累也随之增加。

第三，父母对于子女的受教育水平期待也影响着孩子的实际教育投资。调研地区中多数家庭的年收入并不高，父母的受教育水平较低，但家庭对其子女的受教育水平期待也影响着家庭教育支出。对子女的受教育水平期待越高，家庭教育支出也相对增加。

"一胎化"政策的长期施行，使得我国人口红利逐渐减少，许多计生家庭夫妻及其子女后代已经形成了家庭生育"只要一胎"的思想，而非计生家庭仍坚持着

"多生孩子好生养"的想法。"单独二孩"政策的试行以及"全面二孩"政策的实施初期，对生育意愿的改变效果并不明显。对于计生家庭和非计生家庭而言，出现这种结果的可能原因为教育投入的不足。在家庭收入条件不变的情况下，对于计生家庭而言，多生育一个孩子意味着家庭总体抚养孩子的成本增加，家庭总教育投入增加，但花费在每个孩子身上的平均教育支出却减少，反而不利于孩子人力资本的积累；对于非计生家庭而言，孩子"数量"的增加能保证至少有一个孩子是"较高质量"的，如果孩子"数量"的减少并不能保证孩子"质量"的增加，这是有风险的，非计生家庭更愿意维持原生育决策来规避风险。

随着我国"全面二孩"计划生育政策的实施，意味着人们长期维持的家庭生育意愿与生育决策应随之转变。对于计生家庭而言，可以规避独生子女家庭结构所带来的风险；对于非计生家庭，有利于改善家庭结构，提高孩子的"质量"。同时，"全面二孩"计划生育政策的实施可以提高家庭发展能力，缓解我国当前人口红利负增长状况，是可实施的良策。在政策推行方面，政府相关部门可以制定相关优惠政策，给予二孩家庭、农村地区家庭、少数民族地区家庭更多的教育扶持，以期转变家庭的生育意愿与生育决策，提高孩子质量。

第六章　家庭结构、家庭禀赋与劳动供给决策

劳动供给决策是另一重要的家庭决策，体现为务农、兼业还是务工的时间配置决策，以及由谁参与劳动力市场、谁进行家务劳动的家庭内成员劳动分配决策等。

改革开放以来，随着家庭联产承包责任制的推行以及中国由计划配置向市场调节的转化，释放出了农村大量的剩余劳动；之后，21世纪城镇化的加速发展更加吸引了大量的农村劳动力向城市转移。特别是进入新世纪这十年多来，农村劳动供给"由无限供给开始转向有限剩余"，而"用工荒"的同时伴随着劳动力回流，成为当前家庭劳动力流动和区域劳动需求变化的新现象，影响着社会经济环境。

在此期间，农户家庭劳动供给发生了深刻的变化。劳动时间配置上，从改革开放初期以务农为主，到20世纪90年代以来农闲时从事非农活动，兼业①农户已成为当前中国农户普遍现象。在就业行业上，经历了由以务农为主到进入乡镇企业再到进城打工、经商等。而农户家庭内部分工也随之发生了改变，女性开始较多从事家庭农业劳动，承担家务劳动和农业生产的双重责任，而男性主要外出获取家庭收入。农户家庭劳动力市场参与形式的变化，是家庭对社会经济变革的反应，又反过来影响了整个国家的经济发展。特别是在当前我国处于"经济新常态"的态势下，为解决劳动力市场上的结构性问题，推动劳动供给侧结构性改革是引领经济新常态的必然选择。

对农村劳动供给决策理论的研究视角，也经历了从个体理性到家庭理性的变化。传统的古典和新古典经济学理论认为，个体理性是家庭成员劳动供给决策的主要因素，其认为劳动供给决策是基于个人效用最大化基础上的个人在闲暇与工资收入之间的取舍。个体理性劳动决策理论由于只考虑个人忽视了家庭而具有很大局限性，而贝克尔（1965）从家庭理性的视角分析了家庭户内部劳动力的资源分配，其理论的核心思想是家庭个体劳动力供给是基于家庭效用最大化下，对家庭成员的

---

① 农户兼业是指农户在从事农业生产的同时也从事非农产业。常常被划分为以农业收入为主的农业兼业户和以非农业收入为主的非农兼业户两类。

第六章　家庭结构、家庭禀赋与劳动供给决策

闲暇和劳动的选择，家庭决策决定了家庭成员的劳动力供给行为。经济学家们同时研究了家庭基于比较优势的劳动分工如何影响劳动供给。

为此，本章将从宏观上中国劳动力市场供给的演变，以及微观上西部农户家庭劳动力市场参与的状况，以反映当前中国农村家庭劳动供给决策制定的外部环境和内部动力，还原家庭劳动力供给决策制定的过程。旨在回答：家庭劳动力市场参与决策是否显著影响了我国西部农户的家庭发展？

第一节　家庭劳动供给的衡量选择与时代变迁

一、家庭劳动供给的指标界定

目前，对于我国农户家庭劳动供给还没有一个明确的定义，不同的学者在衡量农户家庭劳动供给的时候采取了不尽相同的衡量方式。

1993年Heckman提出，劳动供给的变化可以分为劳动参与（广度）和工作时间（深度）的变化，因而劳动供给行为可以分为劳动参与行为和工作时间选择行为。

一些研究认为，劳动供给表现为劳动参与时间。如2000年都阳在他的研究里假定劳动供给具有同质性，即家庭成员的劳动时间用于农业、非农业所产生的边际效果是相同的。用于不同用途的劳动时间是可以加总的。可以通过丈夫和妻子平均每天的劳动供给小时数来衡量农户家庭劳动供给情况。以每人每天工作8小时，每年300个工作日来衡量。其研究结果表明农户家庭决策与劳动供给决策是相互联系的，劳动供给具有家庭联产决策的特征。

随着研究的深入，对劳动供给的认识也逐渐细致，对其内涵的理解延伸为工作时间选择。如2011年弓秀云提出，林业、种植业、畜牧业和非农业的差异是客观存在的，所以不能假定家庭成员劳动供给时间具有同质性。因此，她用男性或女性的林业、种植业、畜牧业和非农业劳动供给时间来衡量农户的家庭劳动供给情况。其研究结果表明男性在林业和非农业的影子工资率远大于女性，女性在种植业和畜牧业的影子工资率略大于男性，意味着家庭劳动力配置遵循了比较优势的原则，进一步验证了家庭劳动分工的比较优势理论。

2012年黄祖辉通过农户家庭平均每个劳动力的工作时间，以及农户家庭平均每个劳动力在农业生产、本村非农就业和外出打工的时间分配来衡量不同内外力因素对农户家庭劳动供给的影响。他利用中国5个省的农户数据分析了农户家庭

2004—2008年的劳动供给情况，其研究结果证明农户家庭随时间变化减少了农业生产与本村非农就业的劳动时间，增加了外出打工时间。

也有人认为还可以有更多的方式来衡量，2005年谭岚提出，劳动供给可以用劳动参与率、平均每周或每年工作的小时数、人口的规模和构成、劳动的质量（工作的努力程度）这四种尺度来衡量，其中前两种最常用到。论证了在有孩子的家庭中，家庭仍然是维系稳定家庭单一效用函数，这类女性的劳动供给受到家庭因素的影响显著。

本章将通过农户家庭平均每个劳动力的工作时间，以及农户家庭平均每个劳动力在农业生产、本村非农就业和外出打工的时间分配来衡量农户的家庭劳动供给。

二、我国农户家庭劳动供给的变迁

农户家庭内部劳动分工结构的变迁，主要表现为：农户投入外出务工的时间更多、劳动力供给年龄结构改变、家庭劳动供给数量变化等方面。

首先，农户非农劳动时间逐渐增多，而农业生产时间缩短。黄祖辉、杨进等（2012）对湖南、江西、四川、山东和黑龙江5省农户劳动供给时间分配的分析发现：农户家庭平均每个劳动力在农业生产上的劳动时间逐年下降，从2004年的111.45天/年，下降到2008年的90.15天/年。而平均每个劳动力外出打工的劳动时间却日益增加，从61.22天上升到80.23天。但是这一趋势会因地区而有所差异，粮食主产区的农户家庭会更倾向于从事农业生产。

其次，家庭劳动力供给年龄由年轻型向中年以及老年型供给转变。周兴（2011）认为21世纪初期前我国处于人口红利期，劳动力供给整体在年龄结构上呈现出倒U形对称分布，和劳动力最优年龄结构曲线形状一致，30～44岁之间的中年劳动力的劳动生产率最高，15～29岁青年劳动力和45～64岁老年劳动力的劳动生产率比中年劳动力的都低。

而劳动力的年龄供给结构近几十年也发生了很大的变化。青年劳动力从1980年占总人口48.35%的比重后便开始快速递减了近14个百分点，到2010年降为34.75%。相比青年组，中年劳动年龄人口比重的变动并不明显，1990年以前基本在30%的均值水平上波动，而年长劳动年龄人口比重自1990年22.19%的比重开始快速攀升至2010年的31.88%，以每两年一个百分点的速度快速增长[①]。但是随着我国老龄化的加速，劳动力年龄供给结构也将向年龄大的劳动力方向发生倾斜。同

---

① 数据来源：《中国人口和就业统计年鉴2012》。

时由于随着人口出生率的下降和青年受教育年限的延长，使得越来越多的年轻劳动力推迟了进入劳动力市场，从而使改革开放以来至当下农户家庭劳动力供给年龄由年轻型向中年以及老年型供给转变。

第三，劳动供给性别发生了改变。农业劳动供给中女性供给发生了大幅增加的转变。受"男主外，女主内"的传统家庭观念的影响，男性劳动力外出务工人员居多，使得农业劳动力供给中女性比例呈上升趋势，从而改革开放初期农村劳动力供给主要是以男性为主到 21 世纪初期以女性为主的转变。纵向比较来看，农村劳动力供给中女性每年以 1 个百分点的增长速度上升，由 1996 年的 41.56% 上升到 2006 年的 53.2%。从横向比较来看，女性农村劳动力供给比例超过男性，已经成为我国农村劳动力供给的主力军，2006 年全国农村劳动力供给中女性所占比例为 53.2%，男性占 46.8%，比男性多出了 6.4 个百分点[①]（刘畅、邹玉友，2013）。据 2015 年国家统计局公布的数据，到 2014 年全国农业劳动力中女性已占 78.7%，女性已成为农业劳动力的主要供给主体。

最后，农户家庭劳动供给行为由本地务农为主向外出务工为主转变。改革开放之前以及改革开放之初，由于我国实行严格的限制农村人口流动的政策，使得农户家庭成员主要在家务农为主。而改革开放之后逐步放开了劳动力自由流动的剩余，大量的农村家庭剩余劳动力进行外出务工。而伴随着城市工资收入的吸引，大量的农村劳动力选择了外出务工的方式而逐渐减少家庭在家务农人员甚至直接进行土地流转而以外出务工为主。1980 年以后，农村劳动力外出务工的人数不断加大。从 1985 年的 2000 万增加到 1990 年的 5000 万，随后一直快速增加，到 2005 年达到 1.26 亿，以及到 2014 年达到 1.68 亿（国家统计局，2015）。

第二节 我国农户的家庭劳动供给：宏观分布与家庭内分工

本节第一部分对全国劳动力市场参与状况的宏观描述，数据来源为中国统计年鉴，第二部分对微观家庭内部劳动分工状况的分析，数据来源为 2010 年中国家庭追踪调查（CFPS）。其中，中国家庭追踪调查（CFPS）旨在通过跟踪收集个体、家庭、社区三个层次的数据，反映中国社会、经济、人口、教育和健康的变迁。该调查在 2010 年正式在全国范围内展开，在除海南、青海、西藏、新疆、内蒙古、宁夏及港澳台以外的地区，共获得了 14798 户的家庭数据。

[①] 数据来源：2006 年《第二次全国农业普查快速汇总结果的公报》。

一、农村总人口、总就业人口与就业率

从 1978 年至 2000 年,我国农村的总人口从 79014 万人增加到了 80837 万人,到 2014 年又减少到 61866 万人。而同期农村的就业人口数量从 30638 万人增加到了 37943 万人,就业率也从 38.78%增长到了 61.33%,如表 6-1 所示。从总体态势上来看,我国农村的人口数量与就业人口数量都经历了先增加后减少的过程。由图 6-1 可知,从 1995 年开始,农村人口数量开始下降,就业人口数量的变化与农村人口的变化大致趋同。这是我国城市化的结果,即虽然我国人口数量不断增加,但是随着城市化进程的推进,我国农村的人口还是在逐渐减少。

表 6-1　　　　　　1978—2014 年我国农村劳动力就业情况表

年份	农村人口数量（万人）	农村就业人口数量（万人）	农村就业率
1978	79014	30638	38.73%
1980	79565	31836	40.01%
1985	80757	37065	45.90%
1990	84138	47708	56.70%
1995	85947	49025	57.04%
1996	85085	49028	57.62%
1997	84177	49039	58.26%
1998	83153	49021	58.95%
1999	82038	48982	59.71%
2000	80837	48934	60.53%
2001	79563	48674	61.18%
2002	78241	48121	61.50%
2003	76851	47506	61.82%
2004	75705	46971	62.04%
2005	74544	46258	62.05%
2006	73160	45348	61.98%
2007	71496	44368	62.06%
2008	70399	43461	61.74%

第六章 家庭结构、家庭禀赋与劳动供给决策

续表

年份	农村人口数量（万人）	农村就业人口数量（万人）	农村就业率
2009	68938	42506	61.66%
2010	67113	41418	61.71%
2011	65656	40506	61.69%
2012	64222	39602	61.66%
2013	62961	38737	61.53%
2014	61866	37943	61.33%

1990年是我国农村就业率变化的一个重要年份。1990年的劳动力就业率为56.70%，自此以后我国农村的就业率经历了先上升再下降的过程，但波动幅度都不大。

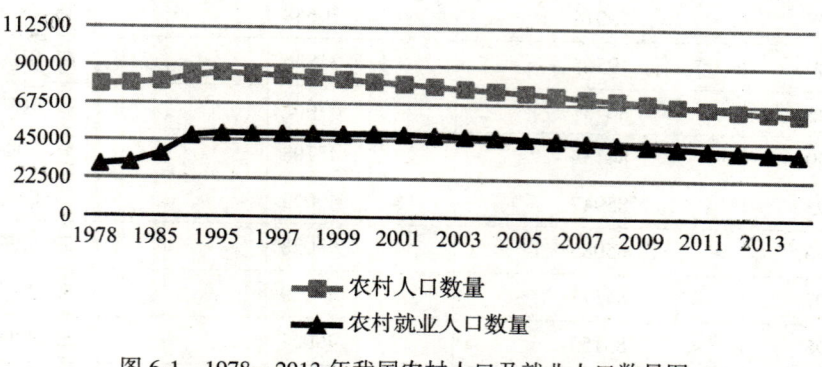

图6-1 1978—2013年我国农村人口及就业人口数量图

二、农村劳动力非农部门就业情况

随着农村改革的推进、城市化和工业化进程，非农劳动参与成为农户实现经济增长的理性选择。从农村劳动力的非农部门选择来分析，我国农村劳动力的就业部门选择在改革开放以来也发生了很大的变化。

农村越来越多的劳动力选择进入私营企业工作，或选择个体就业。我国私营企业农村就业人数从1990年的113万人，增长到了2014年的4533万人。农村个体就业人数也从1990年的1491万人，增加到了2014年的3575万人。如表6-2所示。

从各部门就业比重来比较个体和私营部门的就业情况，由图6-2可知，我国农

第二节 我国农户的家庭劳动供给：宏观分布与家庭内分工

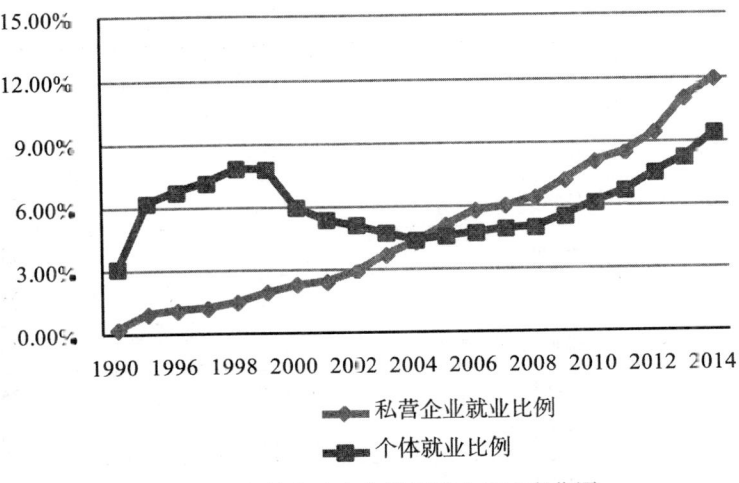

图 6-2 农村劳动力分部门就业比重变化图

村劳动力在私营企业的就业比例一直在不断上升，而个体就业比例经历了先上升、后下降、再上升的过程，其节点分别是 2000 年和 2009 年。另外，在 2004 年，我国私营企业的就业比例首次超过个体就业比例，并在之后的十年里一直保持这种优势。

表 6-2　　　　　　　　农村劳动力非农部门就业情况表

年份	农村就业人口数量（万人）	私营企业就业人数（万人）	个体就业人数（万人）
1990	47708	113	1491
1995	49025	471	3054
1996	49028	551	3308
1997	49039	600	3522
1998	49021	737	3855
1999	48982	969	3827
2000	48934	1139	2934
2001	48674	1187	2629
2002	48121	1411	2474
2003	47506	1754	2260
2004	46971	2024	2066

续表

年份	农村就业人口数量（万人）	私营企业就业人数（万人）	个体就业人数（万人）
2005	46258	2366	2123
2006	45348	2632	2147
2007	44368	2672	2187
2008	43461	2780	2167
2009	42506	3063	2341
2010	41418	3347	2540
2011	40506	3442	2718
2012	39602	3739	2986
2013	38737	4279	3193
2014	37943	4533	3575

三、农户家庭非农劳动力市场参与情况

本部分根据2010年中国家庭追踪调查（CFPS）的数据，对我国农户的家庭劳动供给状况进行了描述和分析。据调查数据分析显示，在7693个农户家庭中，有5743个家庭只参加农业生产，占比74.65%；148户只参加非农劳动，占比1.92%；390户属于兼业的农户，占比5.07%；另有1412户既不参加农业劳动，也不参加非农劳动。如表6-3所示。

表6-3　　　　　　各类型农户家庭数量及占比

农户类型		户数	各类型农户占比
就业农户	只参加农业劳动的农户	5743	74.65%
	兼业农户	390	5.07%
	只参加非农劳动的农户	148	1.92%
	总计	6281	81.65%
两种劳动都不参与的农户	—	1412	18.35%
所有农户	—	7693	100.00%

在参与非农劳动的农户中，本书专门对外出打工这一形式进行分析。发现，家庭劳动力市场参与更加多元化的兼业户 其非农劳动形式为"外出务工"的比例更高。在兼业农户中，有33.33%的农户家中有人外出打工，而在只参加非农劳动的农户中，有27.03%的农户有人选择外出打工，这一比例是低于前者的。

四、农户非农劳动供给部门选择

随着农户非农劳动选择越来越多，多元化程度不断提高，农户对劳动供给的部门选择也日益多样化，因此有必要细致分析农户的非农劳动供给部门。农户选择的就业部门仍具有趋同的特征。在533份参加非农劳动农户的数据中，有216个农户家庭选择在批发和零售业工作，占比40.525%。仅有1户家中有人在公共管理和社会组织工作，占比0.188%，差距十分悬殊。

农户的非农劳动选择仍在很大程度上受到人力资本存量的限制。批发和零售业、交通运输、仓储和邮政业、制造业，这些需要体力较大，对受教育水平要求并不高的行业，是农户家庭在参加非农劳动过程中容易选择的行业。只有极少量的农户家庭，会有人进入公共管理部门、教育部门、文体娱乐部门等对知识水平要求较高的行业。

如果再将这种部门选择按照劳动供给多元化程度细分为纯非农劳动农户和兼业户的话，也会发现差异性。如表6-4所示。尤其在居民服务和其他服务业上体现得较为明显，只参加非农劳动的农户选择该部门的比例为5.44%，而兼业农户选择该部门的比例则为11.40%，是前者的两倍。

表6-4　　　　　　　　　农户非农劳动部门选择情况表

非农劳动部门	农户数量（户）			百分比		
	合计	只参加非农劳动的农户	兼业农户	合计	只参加非农劳动的农户	兼业农户
采矿业	4	3	1	0.75%	2.04%	0.26%
制造业	61	19	42	11.45%	12.93%	10.88%
电力、燃气及水的生产和供应业	8	4	4	1.50%	2.72%	1.04%
建筑业	46	13	33	8.63%	8.84%	8.55%

续表

非农劳动部门	农户数量（户）			百分比		
	合计	只参加非农劳动的农户	兼业农户	合计	只参加非农劳动的农户	兼业农户
交通运输、仓储和邮政业	67	16	51	12.57%	10.88%	13.21%
信息传输、计算机服务和软件业	3	0	3	0.56%	0.00%	0.78%
批发和零售业	216	66	150	40.53%	44.90%	38.86%
住宿和餐饮业	34	10	24	6.38%	6.80%	6.22%
金融业	1	0	1	0.19%	0.00%	0.26%
租赁和商务服务业	4	1	3	0.75%	0.00%	0.78%
科学研究、技术服务和地质勘察业	2	0	2	0.38%	0.68%	0.52%
水利、环境和公共设施管理业	3	1	2	0.56%	0.68%	0.52%
居民服务和其他服务业	52	8	44	9.76%	5.44%	11.40%
教育	4	1	3	0.75%	0.68%	0.78%
卫生、社会保障和社会福利	25	5	20	4.69%	3.40%	5.18%
文化、体育和娱乐业	2	0	2	0.38%	0.00%	0.52%
公共管理和社会组织	1	0	1	0.19%	0.00%	0.26%
合计	533	147	386		100.00%	

五、家庭内部劳动分工

为了解释前面发现的结论，需要从家庭内部劳动分工决策来分析。受到本套数据所限，本节仍不能做到真正分析家庭内部，将在下一节利用甘肃省和宁夏回族自治区的调研数据进一步展开。

兼业农户的家庭规模比纯非农劳动家庭户更大，说明了家庭规模为家庭内部劳动参与多元化的实现创造了条件。如表6-5所示。217个参加非农劳动的家庭，其平均家庭规模为 4.26 人,而纯非农劳动家庭户的平均家庭规模为 3.87 人,兼业农户的平均家庭规模为 4.66 人。

表 6-5　　　　　参加非农劳动的农户内部劳动分配表

家庭规模	家庭数量	该类型家庭比例	非农劳动工作人数	家中成员参加非农劳动比例
1	9	4.15%	1.00	100.00%
2	13	5.99%	1.08	53.85%
3	40	18.43%	1.43	47.50%
4	72	33.18%	1.35	33.68%
5	44	20.28%	1.66	33.18%
6	25	11.52%	1.60	26.67%
7	6	2.76%	2.17	30.95%
8	6	2.76%	1.67	20.83%
11	2	0.92%	1.00	9.09%

从家庭内参与非农劳动的人员比重来看,发现,随着家庭规模的增加,家庭中非农劳动参与人员占家庭总规模的比重在下降。如表 6-6 和表 6-7 所示。

表 6-6　　　　　纯非农劳动农户的内部劳动分工表

家庭规模（人）	家庭数量（个）	该类型家庭比例	非农劳动工作人数（人）	家中成员参加非农劳动比例
1.00	9	8.18%	1.00	100.00%
2.00	7	6.36%	1.14	57.14%
3.00	26	23.64%	1.65	55.13%
4.00	36	32.73%	1.50	37.50%
5.00	20	18.18%	1.75	35.00%
6.00	8	7.27%	1.88	31.25%
7.00	2	1.82%	4.50	64.29%
8.00	1	0.91%	4.00	50.00%
11.00	1	0.91%	1.00	9.09%

第六章 家庭结构、家庭禀赋与劳动供给决策

表6-7　　　　　　　　　　兼业农户内部劳动分工表

家庭规模（人）	家庭数量（个）	该类型家庭比例	农业劳动人数（人）	家中成员参加农业劳动比例	非农劳动工作人数（人）	家中成员参加非农劳动比例
2.00	6	5.61%	1.00	50.00%	1.00	50.00%
3.00	14	13.08%	1.14	38.10%	1.00	33.33%
4.00	36	33.64%	1.31	32.64%	1.19	29.86%
5.00	24	22.43%	1.42	28.33%	1.58	31.67%
6.00	17	15.89%	1.53	25.49%	1.47	24.51%
7.00	4	3.74%	1.75	25.00%	1.00	14.29%
8.00	5	4.67%	1.80	22.50%	1.20	15.00%
11.00	1	0.93%	1.00	9.09%	1.00	9.09%

纯非农劳动家庭户中参加非农劳动成员比例平均为47.46%，兼业农户这一比例为29.53%。

无论是纯非农业户还是兼业户，家庭内部参加农业劳动的人员比例，随家庭规模增加而逐渐减少，说明了农村中劳动力仍有剩余。家中成员参与非农劳动的比例都有一定波动。如在纯非农业户中，当家庭规模增加到7口人和8口人时，非农劳动参与比例突增，这一方面可能是样本规模较小导致，另一方面也说明了这样的家庭规模往往处于家庭生命周期的扩展期，甚至是多代家庭，大多数孩子已经进入劳动年龄，而父母尚未离开劳动力市场，是整个家庭生命周期中劳动力最充沛的阶段，非农劳动参与比例自然更高。兼业农户中也是相同特征，在家庭规模从4人增加到5人，以及从7人增加到8人时，都表现出非农参与成员比例的增长。

第三节　农村家庭非农劳动参与的影响因素

以收益-成本分析为基础的个体理性最大化决策理论有很大的局限性，再加上社会经济环境的改变，使得家庭理性决策成为研究劳动力供给决策的关键因素。那么家庭的哪些因素影响了家庭成员的供给决策呢？家庭究竟基于何种因素对家庭成员进行劳务分工？家庭特征和外部因素又对家庭决策产生了哪些影响呢？本书将从家庭结构、家庭禀赋、家庭收入、外部经济环境和外部政策环境五个方面，对家庭劳动供给决策的影响因素进行分析。

一、家庭劳动供给的影响因素

(一) 家庭结构对家庭劳动供给的影响

家庭结构中的劳动力总数、家庭成员中的未成年和老年人数量比例、子女性别差异以及家庭类型会影响家庭劳动的供给决策。

首先，家庭劳动力总数量对劳动力供给产生影响。对于家庭中平均每个劳动力的时间配置来说，由于家庭农业生产劳动需求固定，那么家庭总劳动力数量越多，平均每个劳动力需要花费的农业生产时间就会降低，会分配更多的时间外出打工，而减少农业生产和本村非农就业劳动时间（黄祖辉等，2012）。

其次，家庭成员中未成年人数以及老年人比例影响了家庭劳动的供给决策。未成年人的比例会对男性和女性的劳动供给产生不同的影响，农户家庭中未成年人比例越高，对女性的劳动供给产生负影响越大，对男性的劳动供给产生正影响也越大。而家庭中 60 岁以上老年人的比例对男性劳动供给的影响不显著，对女性的劳动供给有显著影响，其中老年人比例越高，女性参与林业和种植业劳动时间就越短，参加非农业劳动的时间就越长（弓秀云，2008）。其对家庭中男女劳动供给产生不同的影响在于男性和女生在家庭中的职能地位不同，女性由于承担照顾孩子和老人以及家务劳动的责任受到家庭成员的影响更大。而家庭成年子女人员越多，也对父母劳动供给产生了替代。丁守海（2012）指出成年子女的劳动供给对父母的劳动供给构成替代作用，因减弱了父母劳动供给的压力。而父母的劳动供给很容易对未成年子女的劳动供给产生影响，比如当父母工资太低时要求未成年子女提供市场型劳动。

再次，家庭结构中的子女性别差异对家庭劳动供给决策产生不同的激励效应，从而影响了家庭中父母的劳动供给方式。弓秀云（2007）根据数据分析得出，家庭中男女劳动力的比例对非农劳动供给时间具有不同程度的影响。家庭中男性劳动力的增加对非农劳动供给时间有正影响，而女性劳动力的增加对非农劳动供给时间有负影响。而罗凯（2011）通过系统分析得出，父母对子女的性别偏好将影响其双方尤其是父亲的劳动供给时间及强度。其指出在中国农村的家庭，男孩出生将使得家庭年收入增加近 1760 元，比女孩出生多近 1160 元。在两孩家庭中，子女的性别组合对家庭年收入的激励强度由高到低排序，依次为：头孩是女孩二孩是男孩>头孩是女孩二孩是女孩>头孩是男孩二孩是男孩>头孩是男孩二孩是女孩。同时，梁义成、李树茁、费尔德曼（2012）等发现家庭结构因素对农户非农参与类型有着显著影响，男孩比重较高的家庭倾向于选择参与本地非农经营而不参与外地打工活动。陈良（2014）根据数据分析提出，男孩对妻子的劳动供给起抑制作用，但男孩对丈夫的劳动供给的促进作用大于对妻子的劳动供给的抑制作用，所以对整个家庭的劳动供给起促进作用。由此可见，家庭结构中子女性别差异与数量对家庭劳动供给行为有重大影响。

第四，家庭类型的不同使得农户家庭劳动供给呈现出不同的特征。家庭成员的政治特征会影响农民在农村的非农就业倾向，其中乡村干部户从事非农产业的倾向性更强，少数民族户和信教户从事非农产业的倾向性较弱，"是否国家干部职工户"以及"是否党员户"对农村非农就业的影响并不显著（陈名望等，2012）。从而处于不同的家庭类型特征在其特定的环境下做出了其最有利于家庭利益最大化的劳动供给决策行为。

（二）家庭禀赋对家庭劳动供给的影响

家庭禀赋①中的家庭人力资本、家庭自然资本也对家庭劳动供给产生了影响。

首先，学者们研究了家庭中的人力资本②对家庭劳动供给的影响。刘秀梅等（2004）研究了以受教育程度最高劳动力的受教育年限为特征的人力资本与劳动时间配置的关系，研究表明人力资本储备较好的家庭，具有较大的从事非农业劳动的选择，可用劳动时间剩余较小，从而把更多的时间投入非农行业中；而那些人力资本状况较差的农户家庭，增加非农业劳动时间配置受到限制，他们的可用劳动时间剩余较多，主要用于农业劳动。而人力资本水平特别是男性的人力资本水平对其外出务工有显著的正向影响，男性农民拥有一种非农劳动技能每年可以增加33天非农劳动时间，具有一技之长、年纪轻和文化程度高的男性倾向于从事非农产业，从而对家庭劳动供给产生重大影响（陆文聪，2011）。陈浩、毕永魁等（2013）研究了以健康、教育、技能以及迁移为基础的人力资本，其研究表明农户劳动成员平均人力资本水平和以家庭成员中人力资本某一类型的极大值和极小值之间差距为基础的成员间人力资本结构差距影响农户非农化兼业程度以及其主动离农意愿程度，其中农户人力资本结构效应对农户离农决策更为显著，揭示了农户内部人力资本结构差异程度越高，越不利于农户非农化发展，从而家庭成员在做出劳动供给决策时更加侧重于进行本地务农。

第二，以家庭中耕地数量为主的自然资本影响了农户家庭劳动的供给决策。家

---

① 家庭禀赋是个人发展能力的拓展，是个人禀赋的外延，是家庭成员可以共同利用的资源。其包括家庭人力资本、家庭社会资本和家庭经济资本、家庭自然资本四类。

② 人力资本是凝聚在人自身通过健康、教育、培训、迁移等人力资本投资所形成的多种能力集合总称。

庭中拥有的耕地面积大小显著影响着农户家庭成员的外出流动倾向，家庭根据以耕地为基础的务农收入和外出务工收入而做出家庭成员劳动供给的决策，耕地面积与农户的非农劳动有显著的负相关关系。黄祖辉（2013）根据数据分析得出土地面积是影响家庭劳动供给结构的重要影响因素，土地面积越多的家庭从事农业生产的劳动时间越多，本村非农就业和外出打工的劳动时间越少。同时盛运来（2007）研究证明了家庭人均耕地面积越大，需要投入的劳动力也越多，外出可能性越小；土地制度对外出可能性的影响得到了显著的证实，如期内转包入耕地的农户劳动力外出的可能性下降了 1.3 个百分点，而年内转包出耕地的农户劳动力外出的可能性则上升 5.3 个百分点，从而从侧面反映了土地资源拥有量与外出务工成负相关关系。梁义成等（2010）研究数据表明参与非农活动的农户，其劳动力供给更多受到土地数量及多样化等生产变量的影响，土地资源越多，农户越不倾向于参加非农活动。因而家庭耕地经营规模对家庭劳动力外出务工呈负向效应，扩大 1 亩的耕地面积将分别减少男性和女性每年 4.2 天和 1.3 天非农劳动时间，从而更多的时间留在家里务农（陆文聪等，2011）。

最后，除家庭禀赋之外，家庭生命周期也同样使家庭劳动供给呈现出不同的特征。林善浪（2010）从家庭生命周期角度对农村劳动力转移进行研究，指出在不同的家庭生命周期阶段，家庭成员数目、年龄都会发生变化，进而使得家庭成员的外出务工决策也随之改变。随着家庭生命周期经历年轻夫妇、成长中的核心家庭、成熟的核心家庭、扩大家庭和空巢夫妇家庭阶段，农户家庭外出务工呈现出由增大到减小、再增大和再减小的周期性波动规律。

（三）家庭收入对家庭劳动供给的影响

家庭的收入水平对家庭成员的劳动供给行为产生了影响，不同家庭收入水平呈现出不同的家庭劳动供给决策行为。

首先，家庭上一年的人均纯收入对本年的劳动成员的劳动供给产生了影响。对此弓秀云（2007）进行了研究，其发现上一年的家庭人均纯收入对男性和女性的劳动供给时间的影响在非农业上存在差异，即家庭经济实力的增强有利于男性的非农就业决策，而对女性非农就业决策的影响不显著。已婚女性在家庭中承担着料理家务和照顾小孩的任务，非农业活动与此有一定的排斥性，富裕家庭更有条件和能力让妇女专注于家庭内部劳动。同时家庭收入对家庭成员中男性和女性的劳动供给行为产生不同的影响。张世伟等（2011）研究发现对于低收入家庭、中低收入家庭和中高收入家庭，工资的替代效应大于收入效应，工资水平的提升将导致劳动供给的增加，从而这些种类的家庭收入类型中家庭成员对外部劳动力市场更加敏感，劳动市场稍好即刺激了劳动力做出外出务工的决定。而对于高收入家庭，工资替代效应小于收入效应，工资水平的提升将导致劳动供给减少，他们也越不倾向于外出务工，而是留在家中。丁守海（2012）指出当家庭非工资型收入较多时，家庭成员面临的预算约束就会比较宽松，劳动力供给的压力相对较少，从而会诱使家庭成员将更多的时间用于享受闲暇，而减少劳动供给。

同时夫妻之间的工资差距会对家庭劳动供给产生影响。传统的家庭劳动供给理论认为，在男女收入和就业差距扩大的情况下，女性会更多地退出劳动力市场而从事家庭生产，从而可以更好地实现夫妻双方的比较优势，得到家庭联产效用最大化。而夫妻生产财富的能力同样对供给有影响。郭砚莉（2007）研究发现为了提高家庭质量，实现整个家庭利益的最大化，必须实行家庭内部劳动分工。夫妻生产能力的变化将会对家庭劳动供给产生影响，当丈夫的生产能力相对于妻子的生产能力有所下降时，丈夫除了要进行全部的市场产品的生产外，还要从事一部分家里物品的生产，从而男性更加倾向于家庭劳动和务工同时进行，而女性更加积极地参与于劳动力市场。

（四）外部经济环境同样对家庭劳动供给产生影响

外部经济环境中的城乡收入差距、劳动力市场发育程度、技术水平等同样对家庭劳动供给产生了深刻的影响。

首先，农村家庭成员外出务工很大程度上基于城乡收入差距水平，城市强大的吸引力和农村的推力推动了家庭劳动对外务工的供给。城乡工资差距对农村劳动力外出打工有显著正向影响，城乡工资差距越高，农村常住户劳动力越倾向于外出打工。同时城乡工资差距在家庭中的排序对劳动力外出打工也有显著的正向影响，工资差距排序变量反映了家庭在劳动力迁移方面的分工，那些工资差距在家庭内部排序最低的劳动力更可能被留在家中（纪月清，2011）。

其次，劳动力市场对农户家庭成员形成强大的吸引力，从而诱导家庭成员更加积极地参加到劳动力市场。丁守海（2012）从劳动力市场发育程度研究了家庭劳动的供给行为，其认为市场发育程度越高，信息越畅通，搜索成本越低，越有利于劳动力供给。市场发育程度提高了家庭劳动供给的经济机会。而农户的劳动供给水平是与其所面临的经济机会相联系的。市场机会的增加也就增加了闲暇的机会成本，对闲暇的需求数量也就相应减少，从而增加了劳动力更加倾向于参加劳动，吸引了劳动者加入劳动力市场（都阳，2000）。

第三，外部劳动市场的工资水平同样地吸引了家庭劳动参与到劳动力市场。黄祖辉（2012）对雇工工资与农户家庭劳动供给的关系进行研究，发现外出打工工资越高,农民越倾向于外出打工,而减少农业生产和本村非农就业的劳动时间。农村内部雇工工资越高,农民会考虑农业生产的成本问题,而减少农业生产的劳动时间,增加本村非农就业和外出打工的劳动时间。丁守海、蒋家亮(2012)提出,当劳动力市场的工资的替代效应超过收入效应时,家庭劳动供给将随工资的增长而增加。大多数劳动会对工资做出正向反应,而反应的程度不一,女性劳动力供给对工资的反应程度远远小于男性,工资对男性的劳动供给行为影响更大。

最后,技术水平的提高释放了家庭劳动力,影响了农户家庭劳动决策行为。丁守海(2012)指出当家用器具出现技术革新时,就会减轻家务劳动的负担而增加市场型劳动供给。同时节育技术的提高减少了家庭成员的数量,从而女性增加了外出务工的机会,提高了其参工率。技术水平的发展深刻地影响了家庭成员的劳动供给行为,特别是生活用具的发展在一定程度上替代了女性的家庭劳务职能,从而使家庭女性更加积极地加入劳动力市场。

(五) 社会政策环境也会影响家庭劳动力供给

根据王春超(2010)、宁泽逵(2012)、范士德(2013)等的文献,可以发现在我国政策对家庭劳动供给行为有着十分显著的影响。我国对农村劳动力流动经历了从限制到逐步放开和严格放开的过程,从而家庭劳动供给也经历了从在家务农到部分成员外出务工和大部分家庭成员外出务工以及伴随逐步家庭成员回流家乡务工的过程。

80年代初期,我国对农村劳动力流动进行严格限制。1981年10月17日国务院发布《关于广开门路,搞活经济、解决城镇就业问题的若干规定》的政策,文件指出要严格控制农村劳动力向城镇流动。同时在1981年12月30日发布《国务院关于严格控制农村劳动力进城做工和农业人口转为非农业人口的通知》,内容指出要采取有效措施,严格控制农村劳动力进城做工和农业人口转为非农业人口。此时期的农村家庭劳动主要为在家务农或本地务工,劳动力流动几乎为零,家庭成员被约束在土地上而没有外出的机会,阻碍了家庭成员中剩余劳动外出务工的机会。

随着改革的进行,政策逐步放开了对农村劳动力转移的限制。1983年1月2日,中共中央印发《当前农村经济政策的若干问题》,指出在农村允许资金、技术、劳动力一定程度的流动和多种方式的结合。随后,对农村劳动力流动的限制逐步放开。关于1984年农村工作的通知(中发〔1984〕1号)指出,允许农民和集体的资金自由地或有组织地流动,不受地区限制;允许务工、经商、办服务业的农民自理口粮到集镇落户。1991年11月29中共中央发布《中共中央关于进一步加强农业和农村工作的决定》指出有计划地开拓和发展第二、三产业,加强农村工业小区和集镇建设,开辟农业劳动力转移的门路。此时期的家庭中的剩余劳动被释放出来并逐步外出务工,为家庭带来了务工资金,同时补充了城市的劳动力市场,大量家庭剩余劳动力进入城市进行务工和经商、经营服务业等推动了城市经济的繁荣,为改革开放中后期的发展做出了巨大的贡献。

随后政策进入鼓励农村劳动力向城市流动,1993年11月3日国务院发布《关于印发"再就业工程"和"农村劳动力跨地区流动有序化"的通知》,指出鼓励农业劳动力的跨地区流动,并提出了输出有组织、输入有管理、流动有服务、调控有手段、应急有措施的五点要求。随后实行了一系列鼓励和保证农村劳动力向城市流动的政策。此时期的劳动力进入完全自由转移状态,大量家庭剩余劳动力供给转向城市进行务工和经商等活动,提高了自身的生活水平,扩大了农村对外交流。

2002年11月,中共十六大报告指出:"农村富余劳动力向非农产业和城镇转移,是工业化和现代化的必然趋势,要消除不利于城镇化发展的体制和政策障碍,引导农村劳动力合理流动",从而为今后农村劳动力转移政策指明了方向,进一步推动了农村劳动力向城市流动。2004年中央发布《关于促进农民增加收入若干政策的意见》的一号文件,2005年全部免除农业税与种粮直补政策的政策得到实施,这些政策颁布之后,每年新增的农村转移劳动力出现下降趋势,农户家庭因为在农村可以获得更高的收入,许多家庭劳动力开始返乡。此时期由于国家加强了对进城农民工的保障,使得更大部分的家庭剩余劳动力以及家庭举家向外迁移。同时由于农业税费的减免和外出的农民工能力的增加,出现家庭剩余劳动回家务农以及就业的情况,家庭劳动供给方式存在外出务工和回流本地务农的双重现象。

2010年1月31日中共中央发布《中共中央国务院关于加大统筹城乡发展力度进一步夯实农业农村发展基础的若干意见》,指出了深化户籍制度改革,促进符合条件的农业转移人口在城镇落户并享有与当地城镇居民同等的权益,多渠道多形式改善农民工居住条件,采取有针对性的措施,着力解决新生代农民工问题。从而农村劳动力流动与进一步促进城镇化建设有机地集合在一起。此时期的大量家庭年轻人员选择外出务工,形成了强大的新生代农民工。同时家庭成员中女性和老年人口主要在家务农,维护家庭的基本土地资本。

从以上可以看出我国农村劳动力流动政策经历了限制、开放到鼓励和促进流动再到保障流动的转变。同时伴随的是家庭劳动供给由在家务农向部分成员外出务工以及家庭大量人员向城市转移,之后伴随着家庭成员的回家务农和新生代农民工的外出务工。范士德（2013）研究认为随着中国社会政治体制的变革经济发展形势的变化，政府对劳动力流动的社会经济政策可以划分为四个阶段：从严格控制（1984年之前）到有限制的转移（1984—1992年）到允许流动、逐步建立劳动力市场机制（1993—2001年）到劳动力市场的规范与有序流动，并开始正视农民工问题、维护农民工权益、提升农民工福利（2002年之后），从而形成不同时期相对应的家庭劳动供给状态。

二、变量选择与模型构建

本节将采取2012年中国家庭追踪调查的1854份有效问卷数据，运用二项logistic回归模型，基于以上对农户非农劳动供给影响因素的理论分析，进行实证检验。

考虑到参与非农就业部门机会和就业能力的差异，代表了参与者人力资本、家庭自然资源禀赋、所在地产业发展水平等的不同，本文对个体或私企劳动参与、种植业或林业参与、禽畜或水产品参与分别进行回归分析，共建立三个模型。

基于前文对非农劳动参与的影响因素的分析和所用数据限制，本部分继续从家庭结构、家庭禀赋、家庭经济收支、外部环境几个方面选择自变量。

农户家庭结构选择家庭规模指标。家庭禀赋选取家庭人力资本储备、家庭土地资源禀赋等指标。本文假设，家庭人数会对农户家庭的非农劳动供给产生正面影响，即农户家庭人数越多，参加非农劳动供给的可能性越大。一般代表家庭的受访成员都是家中能力相对较强、素质较高的那个成员，因此本文用受访者语言表达能力来代表整个家庭人力资本储备。本文假设受访人员语言表达能力越好，其单纯参与农业劳动供给的可能性越低，参加非农劳动供给的可能性越大。另外，拥有土地数量更多的家庭，参加非农劳动的可能性会下降。

从家庭经济收入和支出来看，家庭的收支状况代表了家庭成员参与非农劳动的动力，而家庭的支出无外乎医疗、教育、住房几大类。本文选择了医疗支出、教育支出、每月房租三个自变量。初步假设，前一年家庭支出多的农户，选择非农劳动供给的可能性要大于家庭支出较少的农户。他们可能迫于压力，不得不选择更多的谋生方式。另外，家庭收入多的家庭可能会选择更为轻松的非农劳动参与，而非比较辛苦的农业生产。

家庭成员的非农劳动参与也在很大程度上受到外部环境的影响，如当地基本公共服务供给情况、交通基础设施建设状况等，这里选用长途车发车周期和距离医疗点的距离来指代。其中，长途车发车周期代表交通便利度，医疗点距离表示就医的便利度。本文假设，向外的交通越便利，家中成员越容易选择外出打工；而当地基本公共服务的供给越好，一方面具有将劳动力留在本地的拉力，另一方面也说明当地经济发展程度更好，人们就业能力更强，也就有了劳动力外出寻找更大发展空间的推力。

总之，本部分将选取长途车发车周期、医疗点距离、医疗支出、教育支出、个人素质、人均家庭纯收入、集体土地面积、每月房租、家庭人口数九个自变量，通过回归分析了解它们对不同部门的非农劳动参与的影响。变量的解释、均值与标准差，如表6-8所示。

表6-8　　　　　　　　　　　　变量解释表

变量	变量定义	均值	标准差
被解释变量			
参与1	1=参与个体或私企 0=未参与	0.0608	0.23908
参与2	1=参与种植业或林业相关工作 0=未参与	0.9674	0.17774
参与3	1=参与禽畜或水产品生产 0=未参与	0.6563	0.47507
解释变量			
家庭人口数	家庭人口数（人）	4.3294	1.76174
受访者语言表达能力	1→7=很差→很好	4.8417	1.19113
长途车发车周期	1=每天发车 0=几天发一班车	0.9505	0.21687
医疗点距离	从家到最近医疗点时间（分钟）	17.5732	23.70456
医疗支出	过去一年，未能报销的医疗费用（万元）	0.3235	9978.67706
每月房租	1=需付房租 0=不需付房租	0.3003	7.7835
教育支出	过去一年您家教育培训支出（万元）	0.2213	5577.40559
人均家庭纯收入	过去一年人均家庭纯收入（万元）	0.7447	10785.4785
集体土地面积	家庭分得集体土地总面积（亩）	12.8421	47.54959

三、回归结果与分析

本文进行了三次回归分析,分别是针对畜牧、水产劳动部门的劳动参与,个体、私企部门的劳动参与,林业种植业部门的劳动参与。希望通过这三个模型揭示家庭结构、禀赋、收支与外部环境这几类变量对农户在不同部门非农劳动供给的影响。

(一) 畜牧、水产业劳动参与

回归结果中家庭结构、禀赋和外部环境对农户在畜牧、水产部门的非农劳动供给有显著影响,而家庭经济收支不显著,回归方程的 Cox & Snell R^2 与 Nagelkerke R^2 分别为 0.059 与 0.081。如表 6-9 所示。

表 6-9　　畜牧、水产业劳动参与模型回归结果表

	估计系数	标准误	Wals 值	置信度水平
家庭人口数	0.124	0.029	17.868	0.000
受访者语言表达能力	-0.119	0.044	7.494	0.006
分得集体土地面积	0.027	0.005	25.367	0.000
到最近医疗点的时间	0.008	0.003	8.709	0.003
长途车发车周期	-0.963	0.288	11.134	0.001
平均每月需付房租	-0.003	0.003	1.054	0.305
前一年人均家庭纯收入	-0.037	0.047	0.618	0.432
前一年教育培训支出	0.009	0.089	0.010	0.920
前一年未报销医疗支出	0.025	0.052	0.235	0.628
常量	1.212	0.382	10.071	0.002

1. 规模越大的家庭越倾向于参加畜牧及水产部门的非农劳动,这与前面描述分析中提到的,家庭成员越多,参加农户家庭非农劳动供给的可能性越大的结论是相符的,本文假设成立。

2. 家庭禀赋影响显著。家庭户主素质越高的家庭,成员参加畜牧及水产部门的比例更小。受访者代表整个家庭受访且对家庭财务状况等了解十分清楚,他的语言表达能力在一定程度上反映了整个家庭的人力资本素质。人力资本存量越高的家庭,就业信息更完备、就业能力更强,因此多会选择收益更快、技术要求更高的非

农部门就业，而不是畜牧及水产部门。家庭禀赋中的另一变量——耕地面积对家庭成员参加畜牧及水产部门的影响是正向的。耕地拥有量越高，越有可能从土地经营中获取收益，这也和前面的假设相符。

3. 外部环境影响显著。其中，地区基本公共服务供给的提高，促进了农户在畜牧与水产部门的劳动参与。到最近医疗点的估计系数为正，说明公共服务对人口就业流动的作用力中，拉力是大于推力作用的，人们在当地就业的成本-收益比更优。而另一变量——交通基础设施的作用为负，这也是符合预期的。从长途车发车周期来分析，"1"代表每天发车，"0"几天发一班车，因此这一变量数值越大，说明交通越便利。交通基础设施的发展使得农户外出就业成本降低，更有机会外出非农就业，使畜牧与水产部门的参与减少。

（二）林业、种植业劳动参与

回归结果中家庭结构、外部环境和教育培训支出对农户在畜牧、水产部门的非农劳动供给有显著影响，回归方程的 Cox & Snell R^2 与 Nagelkerke R^2 分别为 0.012 与 0.055。如表 6-10 所示。

1. 家庭人口数对林业等部门非农劳动供给影响显著，影响系数甚至比畜牧业和水产业的影响系数更大。说明林业、种植业需要更多的劳动力参与，对家庭人口规模的要求更高。

2. 家庭收支中的教育培训支出影响显著，但为负相关。家庭教育支出越多，农户选择林业、种植业的非农劳动参与就越少。这可能与林业、种植业需要很长时间，才能获得收入，而且收入相对其他行业还并不是很高有关。

3. 外部环境继续显著影响非农劳动参与。而与前一模型不同的是，作为交通基础设施指代变量的长途车发车周期正向影响了林业和种植业非农参与，而且影响系数较大，为 1.050。说明交通基础设施的修建，降低了农作物的运输成本，促进了土地的集中经营，从而提高了林业和种植业的就业机会。基本公共服务的影响也比畜牧和水产业更显著，影响系数更大。到达医疗点的时间越长，公共服务的提供缺少，越有可能选择林业、种植业非农劳动。

表 6-10　　　　　**林业、种植业劳动参与回归结果表**

	估计系数	标准误	Wals 值	置信度水平
家庭人口数	0.205	0.093	4.873	0.027
受访者语言表达能力	-0.057	0.128	0.198	0.656

续表

	估计系数	标准误	Wals 值	置信度水平
分得集体土地面积	0.007	0.012	0.316	0.574
到最近医疗点的时间	0.025	0.012	4.492	0.034
长途车发车周期	1.050	0.497	4.467	0.035
平均每月需付房租	9.123	230.928	0.002	0.968
前一年人均家庭纯收入	0.417	0.249	2.796	0.095
前一年教育培训支出	-0.327	0.144	5.160	0.023
前一年未能报销医疗支出	0.004	0.154	0.001	0.980
常量	1.446	0.877	2.717	0.099

(三) 个体或私企劳动参与

回归结果中家庭人均收入、教育培训支出和外部基本公共服务提供对农户在个体或私企的非农劳动供给有显著影响，回归方程的 Cox & Snell R^2 与 Nagelkerke R^2 分别为 0.023 与 0.065。如表 6-11 所示。

表 6-11　　　　　　　　个体或私营企业参与回归结果表

变量	估计系数	标准误	Wals 值	置信度水平
家庭人口数	0.019	0.060	0.104	0.748
受访者语言表达能力	0.132	0.093	2.023	0.155
分得集体土地面积	-0.006	0.008	0.618	0.432
到最近医疗点的时间	-0.020	0.008	5.818	0.016
长途车发车周期	0.267	0.595	0.201	0.654
平均每月需付房租	0.007	0.004	3.104	0.078
前一年人均家庭纯收入	0.218	0.067	10.729	0.001
前一年教育培训支出	0.245	0.120	4.193	0.041
前一年未能报销医疗支出	0.027	0.092	0.085	0.770
常量	-3.772	0.802	22.138	0.000

1. 外部环境中"到最近医疗点的时间"这一变量对因变量影响显著，但影响系数为负，这和前两个模型不同。即农户家庭距离最近医疗点越远，农户参加个体

部门非农劳动的可能性越小。个体和私营劳动参与代表了当地劳动力市场的发育情况，参与程度越高，劳动力市场越成熟，个体和私营企业越具有了发生发展的土壤。这也就解释了为什么距离医疗点越远，也就是基础服务越差，人们参与个体和私营非农劳动的机会越少。

2. 前一年家庭人均纯收入首次显著影响农户的非农劳动参与，而且影响系数为正的 0.218。即前一年家庭人均纯收入越多，农户参加个体私企部门的非农劳动的可能性越大。个体和私营企业需要较大的启动资金，只有在人均纯收入较高的地区，个体和私营企业的发展才会较好，而反过来，私营企业的发展又显著提高了居民收入。

3. 教育培训支出对个体和私营非农劳动参与也有显著影响，但与林业、种植业参与不同的是，这里的影响系数为正，即农户前一年在教育方面的家庭支出越多，其参加个体私企部门非农劳动的可能性越大。一方面，个体和私营企业经营需要较高的受教育水平，教育培训支出越高，能够参与个体和私营企业的机会越大；而反过来，个体和私营企业发展得越好，当地的教育回报也越高，人们更有动力进行教育培训的支出。

四、研究结论

家庭规模对农户在畜牧业、林业等部门的非农劳动参与影响显著，对农户在个体私企部门的非农劳动参与并无影响，且对林业和种植业的模型影响系数最大。这反映了不同非农部门对人口规模的要求。

作为"基本公共服务配给"的指代变量，"到最近医疗点的时间"这一变量对三种非农劳动参与的影响都非常显著。与农户在个体私营企业的非农劳动参与呈负相关，与其他两种劳动参与呈正相关。基本公共服务配给代表了该地区社会服务水平，而社会服务的提供大部分资金来自税收。个体、私营企业就业较密集的地区，其非农产业发展越成熟，基本公共服务也越完善。

而交通基础设施则影响更复杂。一方面，交通便捷的地方，人员流动更频繁，林业种植业、畜牧和水产业这些需要较多劳动力的产业很难得到发展；而另一方面，交通的便捷也使运输成本下降，农业、畜牧、水产业生产的产品更容易外销，而促进了这些产业发展。

教育支出对非农产业就业发展具有选择效应。人力资本水平的提高，使得人们更倾向于选择个体、私营企业经营或就业，以实现较快较高的经济收入。从事体力劳动的林业、种植业人数也就相应减少。这一点也可以从户主素质对畜牧、水产业负向显著影响得以证明。

家庭禀赋是实现家庭策略的基础。前一年的人均纯收入越高的农户，越有可能进行经营性投资，或参与个体、私营企业经营，并形成循环效应。而收入与畜牧、水产业和林业、种植业的劳动参与都不影响。家庭禀赋的另一种重要变量——耕地的影响系数，也反应了这一现象。耕地越多的农户，越有可能从事畜牧、水产业。

第四节　西部地区农户的非农劳动供给

以全国家庭为样本框的研究，忽略了不同地理区位、不同劳动力市场发育程度、不同经济发展水平的地区中，家庭在劳动供给决策，尤其是参与非农就业劳动市场的决策时，家庭内部的决策过程和影响因素的差异性。

为了更细致分析家庭内劳动参与的分工决策，基于前文对劳动供给与家庭发展关系的分析，本文选取了西部甘肃省和宁夏回族自治区两个经济发展较落后的区域，以分析对落后区域而言，非农劳动供给对家庭发展的重要作用。

一、西部农户劳动力参与的多元化

按照"家中至少一人参与劳动力市场"这一条件对样本集筛选，得出 1005 个家庭样本。数据分析如表 6-12 所示。

表 6-12　　　　　　　　各类型农户的基本情况表

家庭类型	纯农业劳动农户	兼业农户	纯非农劳动农户
家庭个数（个）	174.00	681.00	150.00
家庭规模（人）	4.85	5.33	4.75
户主年龄（岁）	36.63	37.38	35.93
家中老人数（人）	0.60	0.56	0.33
家中子女数（人）	2.10	2.21	2.20
家中男孩数（人）	1.24	1.32	1.37
家中女孩数（人）	0.89	0.90	0.91

第六章 家庭结构、家庭禀赋与劳动供给决策

首先，大多数西部农户参与非农就业。1005个家庭中有174个家庭为纯农业生产，占比为17.31%，有831个家庭参加了非农劳动，占比82.69%。进一步分析非农劳动家庭，发现其中大部分为兼业，占非农劳动农户的67.76%，共计681户。

其次，兼业农户的家庭规模明显大于纯农业和纯非农业家庭。这与前面"家庭规模正向影响家庭劳动力市场参与多元化程度"的结论一致。兼业农户的平均家庭规模达到5.33人，纯农业劳动农户次之为4.85人，纯非农业劳动参与的农户最少为3.75人。这也可能存在着家庭规模对劳动参与多元化程度的倒逼效应。

第三，户主年龄的影响与家庭规模相一致。随着家庭生命周期的向前递进，从"形成期"到"扩展期"时，户主年龄逐渐增大，家庭规模也在增加。之后家庭进入"衰退期"和"消亡期"，户主年龄继续增大，家庭规模减小，家庭劳动参与能力也减弱。由于本次调研集中于15~64岁育龄妇女，整体年龄偏轻，还处于家庭生命周期的前半段，因此兼业农户的户主平均年龄最大。

第四，家庭结构会影响农户劳动参与决策，且影响程度存在性别偏好。当家庭中子女数量越多的时候，家庭参与非农劳动以获取更高经济效益的动力越大，这一点在数据中得到佐证。纯非农劳动农户中子女数量最大，但差距并不特别明显。在家中男孩数量这一变量影响更为显著。纯非农劳动农户中男孩平均数量为1.37，明显高于兼业农户和纯农户。远比家中女孩数量的影响程度更大，这和已有的研究结论相一致。

二、非农劳动选择的家庭差异性

不同的家庭特征对农户家庭成员的非农劳动参与有着不同的影响，本节将主要从农户类型、农户户主年龄、农户家庭规模、农户家中老人及儿童数量等方面，来描述和分析农户家庭特征与农户家中非农劳动人数的关系。

1. 家庭中参与非农劳动的人员占比

家庭成员中以1人参加非农就业情况为主（424户），占41.2%。有2人参与非农劳动的家庭占总家庭样本的19.5%。如图6-3所示。

如果按农户劳动力市场参与状况分类的话，纯非农劳动农户中的非农劳动平均人数多于兼业农户。如表6-13所示，兼业农户家中的非农劳动平均人数为1.4人，纯非农劳动农户家中非农劳动的平均人数为2.0人。前文提到，兼业农户的平均家庭规模为每户5.3人，纯非农劳动农户的平均家庭规模为4.8人，兼业农户虽然家

第四节 西部地区农户的非农劳动供给

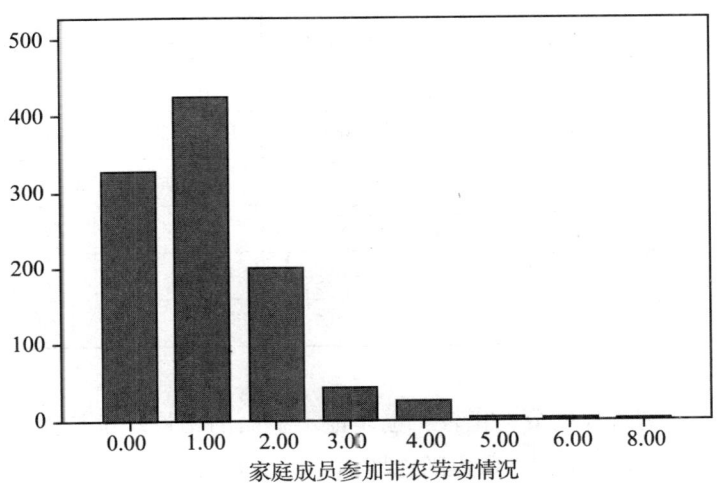

图6-3 家庭非农劳动参与人数分布图

庭规模更大，但参与非农劳动的人口并不比纯非农户多。

表6-13　　兼业和纯非农农户家庭比例分布表

家庭类型	家庭数（个）	所占比例	家中非农劳动平均人数（人）
兼业农户	681	81.95%	1.4
纯非农劳动农户	150	18.05%	2.0

2. 不同生命周期的家庭非农劳动参与

农户非农劳动参与人数除了和家庭参与劳动市场形式有关之外，还受到家庭所处生命周期阶段的影响。如果以户主年龄指代家庭所处的生命周期的话，可以推测家庭扩展期，也就是家庭中既有已结婚的子女也有成年未婚子女时，劳动年龄人口最多，从而更易实现家庭劳动参与的多元化。表6-14显示，户主年龄在50~60岁之间时，家中非农劳动平均人数最多，为2.16人。在调研地甘肃和宁夏，家庭结构以多代家庭为主，在50~60岁之间的户主，很有可能是三代家庭，劳动年龄人口规模最大。而户主年龄在30~40岁时，子女照料需要母亲退出劳动力市场，非农劳动平均人数较少。在户主年龄21~30岁这个阶段，家庭往往处于形成期，非农劳动参与可能性更大。

表 6-14　　　　　　　　分年龄的非农劳动家庭情况表

户主年龄（岁）	家庭数（个）	所占比例	家中非农劳动平均人数（人）
20 及以下	14	1.68%	1.57
21~30	207	24.91%	1.4
30~40	314	37.79%	1.31
40~50	227	27.32%	1.68
50~60	67	8.06%	2.16
60 以上	2	0.24%	1.5

表 6-15 对家庭规模的分类比较，也印证了上面的结论。虽然随着家庭规模的增大，参与非农劳动的平均人数也随之增加，但从非农劳动参与人数占家庭规模的比重来看，却呈现不同的规律。我们可以假定家庭规模为 1 和 2 时，家庭处于形成期，两个年轻人，受教育水平较高、创业打工的热情较高，非农参与比例是最高的。当家庭规模继续增加从 3 人到 6 人的时候，家庭还比较年轻，但也有未成年的小孩需要母亲照料，此时家庭规模虽在增加，能够参与的非农劳动的人数却没有相应增加，比例在逐渐减小，从 39% 降低到 24%。但是当家庭规模继续增加，家庭生命周期也在延续，子女进入劳动力市场，非农就业人数在家庭中占比又开始增加。

表 6-15　　　　　　　　分规模的非农劳动家庭情况表

家庭规模（人）	家庭数（个）	所占比例	家中非农劳动平均人数（人）	家庭非农劳动占家庭规模比重
1	2	0.24%	0.5	0.5
2	4	0.48%	1	0.5
3	50	6.02%	1.18	0.39
4	260	31.29%	1.32	0.33
5	192	23.10%	1.43	0.29
6	208	25.03%	1.46	0.24
7	50	6.02%	1.88	0.26
8	31	3.73%	2.16	0.27

续表

家庭规模（人）	家庭数（个）	所占比例	家中非农劳动平均人数（人）	家庭非农劳动占家庭规模比重
9	19	2.29%	2.53	0.28
10	7	0.84%	2.43	0.24
11	4	0.48%	5	0.45
12	3	0.36%	4.67	0.39
13	1	0.12%	5	0.38

3. 不同家庭结构的非农劳动参与

家庭结构常常用家中老人或小孩数量比重来指代，尤其在分析就业问题时。由于家庭的老人，一方面起到照料小孩和家庭家务的角色，促进了年轻一代的非农就业参与；而另一方面，高龄或有疾病的老人也是家庭中需要被照料的群体，抑制了子女的非农就业，尤其是外出打工。

在本次调研样本中，家中老人数量增加时，非农劳动平均人数基本呈减少趋势。如表6-16所示，老人数量为0的家庭占比最多，其比例为63.90%，这类家庭家中非农劳动的平均人数为1.55人。到家中有一位老人时，家中非农平均人数为1.54人，有两位老人时，为1.26人/家。

表6-16　　　　　　　　分老人数量的非农劳动家庭情况表

老年人数量（人）	家庭数（个）	所占比例	家中非农劳动平均人数（人）
0	531	63.90%	1.55
1	172	20.70%	1.54
2	125	15.04%	1.26
3	3	0.36%	1.33

从子女数量这一特征来分析，随子女数量增加，家中非农劳动平均人数先减后增，这是符合预期的。如表6-17所示。子女数量为2人的家庭占比最多，有483个，占比为58.76%。当子女数量从0个增加到2个时，子女年龄较小，需要母亲或祖父母的照料，家中非农劳动参与人数减少。但当子女更多时，一方面养育成本加大，需要选择收益更快的非农劳动，另一方面，前面几位子女已达到劳动力年

龄，这时较大的家庭规模使得农户实现家庭经营的多样化成为可能，非农劳动参与人数增加。

表6-17　　　　　　　　分子女数量的非农劳动家庭情况表

子女数量（个）	家庭数（个）	所占比例	家中非农劳动平均人数（人）
0	9	1.09%	1.67
1	107	13.02%	1.46
2	483	58.76%	1.4
3	168	20.44%	1.74
4	38	4.62%	1.66
5	14	1.70%	2
6	2	0.24%	1.5
7	1	0.12%	3

一般认为，家庭的劳动力市场参与程度也具有"子女性别偏好"。孩子数量还不足以解释子女性别对家庭影响的差异性，因此更进一步区分了家中男孩和女孩的数量。

家中男孩的增加，对非农劳动参与有非常显著的正向影响，如表6-18所示。当男孩数量增加时，家中非农劳动的平均人数也会随之增加。这和已有研究结论相符。说明在我国西部地区农户，仍然存在明显的性别偏好。家中男孩的出生一方面给家庭发展带来希望和压力，督促人们在更广泛的领域寻求经济收入，另一方面，男孩长大进入劳动力市场，也更多地参与了非农劳动。

表6-18　　　　　　　　分男孩数量的非农劳动家庭情况表

男孩数量（个）	家庭数（个）	所占比例	家中非农劳动平均人数（人）
0	76	9.30%	1.20
1	441	53.98%	1.43
2	265	32.44%	1.60
3	30	3.67%	2.27
4	4	0.49%	2.00
6	1	0.12%	3.00

与前文提到的男孩数量与家中非农劳动平均人数的关系不同,如表6-19所示,当女孩数量增加时,家中非农劳动平均人数变化不大。结合上一节提到的西部家庭男女比例失衡,这也表明,西部地区的许多农户家庭,可能存在着男孩外出工作、女孩专注家务劳动的现况。

表6-19　　　　　　　分女孩数量的非农劳动家庭情况表

女孩数量（个）	家庭数（个）	所占比例	家中非农劳动平均人数（人）
0	281	34.39%	1.54
1	384	47.00%	1.47
2	110	13.46%	1.5
3	37	4.53%	1.51
4	4	0.49%	1.5
5	1	0.12%	1

三、参与非农劳动的家庭成员个体特征

前面分析了参加非农劳动农户的家庭特征,那么,家庭中哪些成员更有机会参与非农劳动呢?

参与非农劳动的男性数量,要远远高于参与非农劳动的女性数量。如表6-20所示,参加非农劳动的家庭成员中74.62%为男性,25.38%为女性。这也印证了本文在上一节提出的假设,即在我国西部地区,许多农户家庭还是保持着男性外出工作,女性从事家务劳动的家庭分工。

表6-20　　　　　　　参与非农劳动成员的性别情况

性别	成员数量（人）	所占比例
男	923	74.62%
女	314	25.38%
合计	1237	100.00%

如表6-21所示。从年龄来分析,参与非农劳动的家庭成员年龄多集中在21岁到50岁之间,即大多为青壮年。其中21~30岁这一年龄段的非农劳动参与成员最

第六章 家庭结构、家庭禀赋与劳动供给决策

多,为411人,占比33.39%。另外,由表6-21还可发现,参与非农劳动的成员中,60岁以上的老人很少,而20岁以下的年轻人却相对较多。这也表明,非农劳动对年龄有一定的要求。

表6-21　　　　　　　　参与非农劳动成员的年龄情况

年龄（岁）	成员数量（人）	所占比例
20及以下	113	9.18%
21~30	411	33.39%
30~40	367	29.81%
40~50	260	21.12%
50~60	72	5.85%
60以上	8	0.65%
合计	1231	100.00%

如表6-22所示。从文化程度分析,我国西部农户中绝大多数参加非农劳动家庭成员的文化程度都在初中及以下,占比最高的文化程度为小学,成员数量为519人,比例为42.37%。这表明,我国西部地区农户家庭成员的受教育程度普遍不高,这也会对我国农户的非农劳动供给质量产生消极的影响。

表6-22　　　　　　　　参与非农劳动成员的文化程度情况

文化程度	成员数量（人）	所占比例
本科及以上	21	1.71%
大专	19	1.55%
中专	12	0.98%
高中	68	5.55%
初中	311	25.39%
小学	519	42.37%
文盲	275	22.45%
合计	1225	100.00%

如表 6-23 所示，参加非农劳动的成员除了户主本人外，有 47.78%为户主的配偶。除此以外占比最多的为户主的子女，其数量为 286，比例为 23.12%。但是，户主公婆、父母的占比仅为 0.73%与 2.59%。这一比例也印证了前一节关于家中老人很少参与非农劳动，而家中子女却会参与到非农劳动的猜想。

表 6-23　　　　　参与非农劳动成员与户主关系的情况

与户主关系	成员数量（人）	百分比
本人	204	16.49%
配偶	591	47.78%
公婆	32	2.59%
父母	9	0.73%
祖父母辈	1	0.08%
子女	286	23.12%
媳	59	4.77%
婿	7	0.57%
孙子女	1	0.08%
兄弟姐妹	40	3.23%
其他	7	0.57%
合计	1237	100.00%

最后，从参与非农劳动的部门来分析，职业为一般工人的非农劳动成员占比最高，比例为 37.43%，其次为商业、服务业人员，比例为 19.00%。如表 6-24 所示，政府职员、村干部，以及企事业单位工作人员的数量都相对较少，本文认为这与前文提到的我国西部农户参与非农劳动的家庭成员受教育程度普遍不高有关。由此可见，改善农户的非农劳动供给质量亟须加大对农户家庭成员的教育培训力度，只有如此，才能使我国西部农户家庭的劳动力资源得到更为充分的利用，这对促进我国西部的经济发展也十分有利。

表 6-24　　　　　参与非农劳动成员的工作部门情况

工作部门	成员数量（人）	百分比
政府公务人员或事业单位工作人员	49	3.96%
企业管理人员	3	0.24%

续表

工作部门	成员数量（人）	百分比
私营企业主（雇人）	8	0.65%
专业技术人员或技术工人	120	9.70%
个体工商户（不雇人）	179	14.47%
商业、服务业人员	235	19.00%
一般工人	463	37.43%
个体养殖户	26	2.10%
兼业人员（半工半农）	122	9.86%
村干部	32	2.59%
合计	1237	100.00%

四、家庭非农就业的重要形式——外出务工

外出务工是家庭非农劳动参与的重要选择形式，为了分析家庭劳动分工中的性别差异性，本部分将受访者（15~64岁女性）及其配偶的首次外出务工时间进行分析。

首先，女性中有务工经历的比例较少，其中已经返回的占29.8%，尚在外务工的占3.7%，而大多数调研女性没有外出务工经历。而其配偶外出务工比例明显增加，占79.1%，其中45.2%回流，回流比例较高的一部分原因是访谈时为农忙时期。如表6-25和表6-26所示。

表6-25　　　　　　　　　**受访者有无外出务工经历**

	频数	占比	累计占比
正在外务工	37	3.7	3.7
已返回	300	29.8	33.5
无外出务工经历	669	66.5	100.0
总计	1006	100.0	

表 6-26　　　　　　　　　受访者配偶有无外出务工经历

	频数	占比	累计占比
正在外务工	328	32.9	32.9
已返回	461	46.2	79.1
无外出务工经历	208	20.9	100.0
总计	997	100.0	

其次，受访者与配偶的首次外出务工年龄呈现差异性，和家庭生命周期相比照，也会发现不同。受访者（女性）首次外出务工年龄呈现三个峰值：16~23岁，26~28岁，32~34岁。之后外出务工比例很小。如图6-4所示。

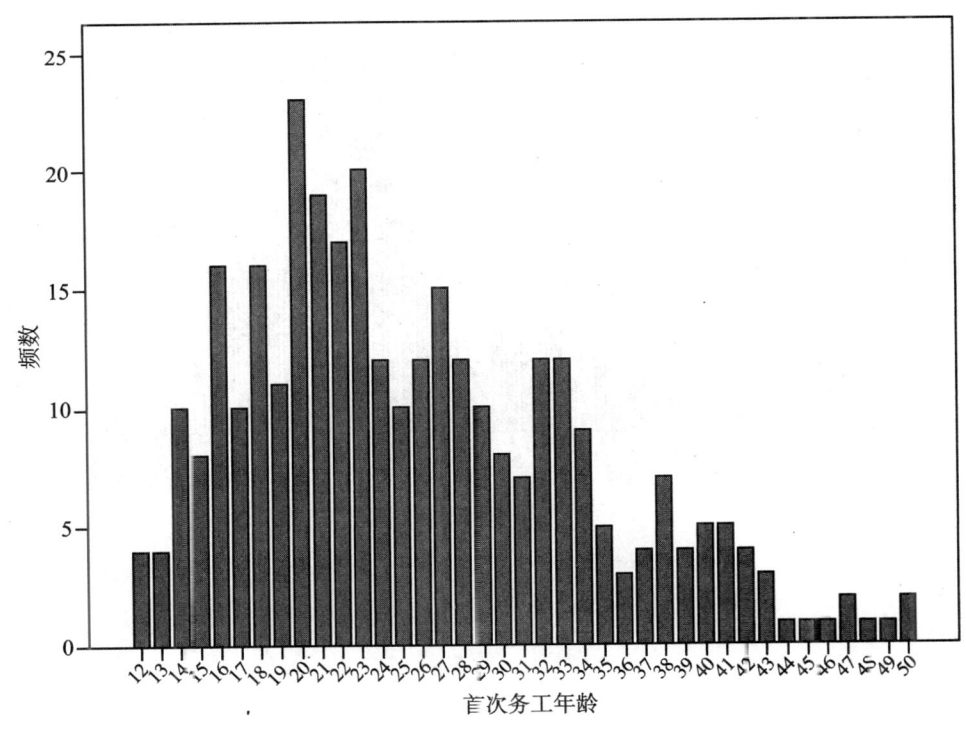

图 6-4　受访者首次外出务工年龄

将初次外出务工的年龄与初婚年龄进行比对，可以发现受访女性的外出务工是发生在结婚前还是结婚后。用结婚年龄减去初次务工年龄，差值为负，表示为结婚后务工；差值为正，表示为结婚前务工。

发现受访育龄妇女在结婚前1年到结婚后6年期间为一次务工高峰，之后结婚后9~12年为第二次务工高峰。原因有可能是结婚6年后，孩子大约3~4岁的上幼儿园年龄，母亲带孩子回家乡上幼儿园直到孩子小学，交由祖父母照料，一部分母亲留在家乡照料孩子和老人，但也有一部分母亲会选择重返劳动力市场继续打工。

而对男性而言，务工峰值呈现为结婚前6年到结婚后12年，受到子女成长的影响较小。如图6-5所示。

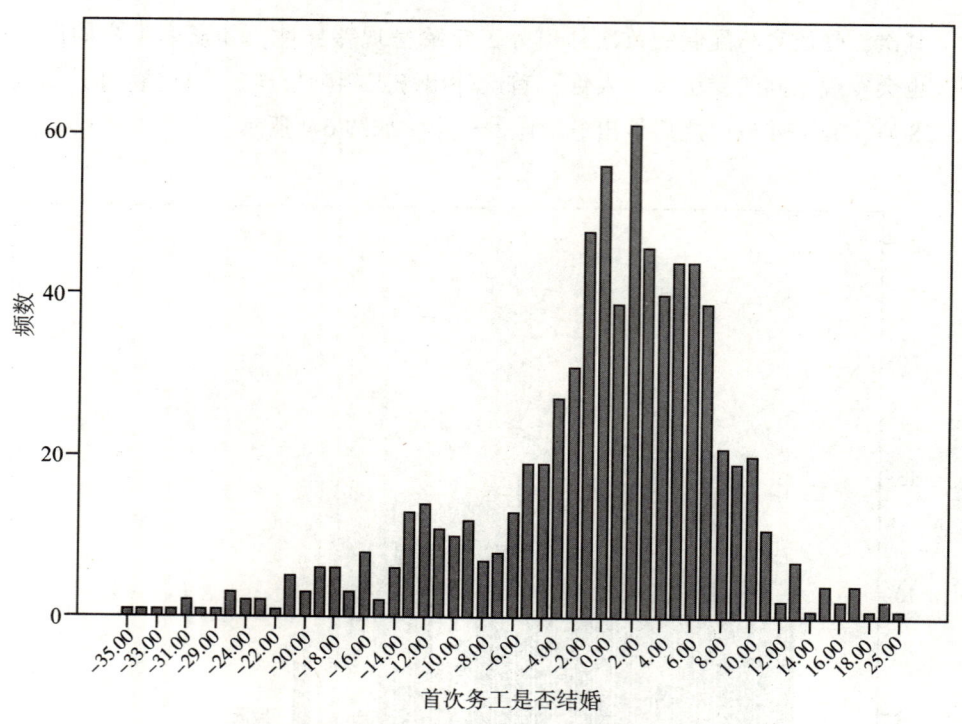

图 6-5　配偶首次务工是否结婚

五、结 论

1. 调研农户剩余劳动力丰富，保证了家庭劳动就业的多样性，但仍以农业劳动为主。非农就业层次不高，以"一般工人"居多。随着年轻一代受教育水平提高，和国家一系列扶贫政策的推进，丰富的家庭剩余劳动力将会发挥人力资本效应，实现家庭发展。

2. 家庭结构影响非农就业决策，家中有老人和小孩，会显著影响家庭非农就业。子女性别偏好的作用明显，男孩的增加具有显著的促进家庭非农就业的效果。

3. 家庭内部分工仍是传统的"男主外、女主内"的形式。家庭中承担非农就业和外出打工的是"配偶"和"子女"，女性的外出务工经历会被生命周期中结婚、生子所打断。

总体而言，西部农户家庭就业决策受到了家庭规模、家庭结构、家庭生命周期、家庭禀赋等的影响。

第七章 家庭发展能力如何影响家庭外出务工决策

上一章描述了家庭就业决策如何受到家庭禀赋、结构、生命周期等的影响，本章将专门就家庭发展能力如何影响外出务工决策进行实证分析。

一般认为，家庭成员的外出务工这一策略是以家庭为基本单位、由家庭成员共同商讨而形成的，是家庭成员之间互动议价的结果。传统的人口迁移理论，如新古典经济学理论，主要的研究对象为迁移过程中的个人，劳动力迁移被视为是个人人力资本投资和追求个人利益最大化的过程。新家庭迁移理论指出个体的迁移行为是由家庭成员共同决定的，迁移行为被归结为是一种最大化经济利益和最小化风险的家庭策略，同时受个人特征和家庭禀赋的约束。外出这一决策的基础是家庭环境，在具体到哪个家庭成员外出时再考虑家庭成员的个人特征，个人决策需服从于家庭决策。

得益于新家庭迁移理论的启发，本章继续沿用家庭发展能力的分析框架，将其划分为家庭禀赋、家庭策略以及家庭功能三个维度，讨论家庭发展能力如何影响农户家庭是否外出务工以及外出务工人数的决策。

第一节 外出务工决策：家庭、社区与政策的影响

在已有研究中，研究者大多把研究视角定位在"农村剩余劳动力转移"、"农村劳动力流动"或者"农村劳动力迁移"上，从总体上看，与本文所关注的"农民工外出"相去无多，但实则有别。随着人口流动壁垒的打破，城乡的交流更加频繁，人口迁移的目的呈现多样化的特征，传统的以"务工经商"、单纯追求经济效益为目的的流动人口仅有30.7%（国家统计局，2010）。本文以"农民工外出务工决策"一词旨在说明农民"流动"正是"外出务工"这一目的性行为的表现。

本文所指的农村人口外出务工决策为：农村户籍的居民离开原居住地，常居住地发生跨越一定行政边界的人口移动，且该移动的目的是追求经济效益。

第一节 外出务工决策：家庭、社区与政策的影响

学术界对于农民工外出务工决策的研究由来已久，并取得了丰硕的成果，可以从三个方面进行梳理：分别是微观的个人层面，中观的家庭或者社区层面，宏观的制度性层面。

一、微观个人视角

微观的个人层面指的是农民的个人特征，如思想观念、个人素质和社交技能等方面对外出就业的影响。外出这一决策取决于各成员在家庭内的议价能力，这种议价能力是由劳动者个人特征决定的，体现着家庭对个人的要求（李聪，2010）。已有研究中最常见的变量有：年龄、性别、婚姻状况、受教育程度、有无外出经历。

王晓峰（2014）通过对黑龙江省三个边境县的流出人口个体特征进行调查，发现年龄对于劳动力外出务工的影响并非是单向的，而是存在一个拐点。随着年龄的增加，劳动力外出的可能性也在逐步增强，在达到某一年龄段后，劳动力外出的可能性不再受年龄的影响。韩蓄（2011）同样认为在一定年龄之前，年龄的增加对农民外出决策有正向促进作用，适应能力、学习能力强的新生代农民工更具优势，但是在一定年龄之后，农民工劳动能力出现衰弱，呈现负向抑制作用，年龄与外出务工的可能性呈倒 U 形分布。

受教育程度与外出可能性呈倒 U 形分布。普遍认为农民受教育程度越高，外出的可能性越大，初中文化程度的劳动力流动性最强，但高中以上教育对外出务工的影响并不显著（李聪，2010；韩蓄，2011；等）。

婚姻状况对农民外出决策作用机理在现有研究中有较大分歧。王晓峰的实证分析表明，没有配偶的村民流出的可能性是有配偶的 16 倍。原因可以归结为，有配偶的劳动力需承担更多的家庭义务。他们在做出外出决策时需要综合考量配偶以及子女的安置问题。加之城市生活成本较高，随迁成本减弱了外出的收益。在进行成本收益分析后，有配偶的劳动力可能选择留守农村。但当前人口迁移的家庭化特征愈发明显（周皓，2008；杨菊华、陈传波，2013；张航空、李双全，2010；侯佳伟，2009；等），已婚农村人口中越来越多的夫妻双双外出就业，由此部分学者认为婚姻状况对外出就业决策的影响并不明显（韩蓄，2011；谢正勤，2006）。

性别对农民外出决策的影响尚未有统一定论，性别作用于家庭决策中还受到家庭观念和性别意识的影响，与家庭分工联系密切。在部分地区"男主外女主内"的思想根深蒂固，女性承担着照顾家人的任务，而部分家庭较为开明，故性别的作用机理不明。盛买运（2007）和韩蓄（2011）在控制了其他变量之后得出男性比女性更倾向于外出就业的结论，与当前劳动市场上性别歧视的现状较为一致，而侯

风云（2005）的结论与此相反。虽然说一般印象中农村劳动力在城市就业一般以二级劳动市场为主，高强度工作对男性劳动力需求量较大，但是城市中的第三产业对女性劳动力的吸纳性更强，尤其是餐饮业、商品零售业，第三产业的快速发展使得大量农村女性劳动力进城务工，因此，人口外出决策受性别影响的程度较小（王晓峰，2014）。

对外出务工经历的作用，现有研究的结论较为一致，认为外出经历对农民外出决策有显著正向影响。有外出务工经历的农村劳动力比较优势在于信息的掌握程度上，先前的务工经历使得他们对城市劳动力市场的要求、求职渠道等有一定的了解；而没有外出经历的人信息获取渠道较为狭窄，获取信息增加了外出务工的成本，有可能影响外出务工的决定。

二、中观家庭视角

家庭特征主要由家庭物质资本、社会资本和人力资本构成。

家庭人力资本主要的衡量标准为家庭劳动力数量和家庭结构。大部分学者认为随着家庭劳动力数量的增加，农民外出务工的可能性也增加（何军等，2007；胡士华，2005；吕开宇等，2008）。若农村家庭仍以土地作为收入的主要来源，则随着家庭人口数的增加，劳动力的边际效应递减，出现"剩余"劳动力。因此，当家庭劳动力数量增多时，为了减轻家庭负担，剩余劳动力选择外出务工。此外，随着家庭劳动力数量的增加，户主更倾向于分散劳动力的流动来规避风险（Findley，1987；Chen、Huffman、Rozelle，2003）。一般的研究以学龄前儿童和家庭中赡养老人的数目作为家庭结构的代理变量，且二者均与外出可能性呈反向关系（谢正勤，2006；李聪，2010；朱欣乐，2013）。

杨云彦、石智雷（2008）还从家庭成员的职业性质的角度考察了家庭的人力资本，研究发现，成员中有人是企业主、教师或者公务员的家庭外出务工的可能性较小。可能的原因是这家的家庭背景较好，在当地有足够的发展空间，外出谋生的动力较小。

家庭社会资本指的是农户家庭通过其社会网络可以获得的社会资源的总和。多年的城乡壁垒，切断了农村居民和城市企业间的经济联系，血缘关系、地缘关系成为农民在城市就业的主要途径，农民只能利用异地亲友、同乡这类初级的社会关系实现外出的指引（王西玉，2000），因此家庭成员或者家庭中有亲戚朋友有外出经历的显著地促进农民进城务工（杨云彦、石智雷，2008；白南生、何宇鹏，2002）。

家庭物质资本是对农户家庭物质资源状况及经济水平的总称，耕地面积的质量与数量、家庭的绝对收入和相对收入是较为常见的衡量指标。陈永正等人（2007）根据对成都市1020个农户抽样调查所得数据经实证分析后得出的结论为耕地面积对外出务工决策有反向影响，但也有学者得出的结论为耕地面积与外出务工决策之间是U形的非线性关系，即耕地较少和耕地较多的农民外出务工的意愿较为强烈，而耕地拥有量居中的农民外出务工的意愿较弱（杨云彦、石智雷，2008；胡士华，2005）。与数量相比，耕地质量对外出务工决策有正向影响，但影响较弱。

从绝对收入来看，低收入家庭有强烈的追求财富的动力，相比于富裕家庭有强烈的脱贫致富的意愿而外出务工（Lipton，1982）。但是高收入家庭也有可能外出务工，他们的主要出发点是分散风险，并且他们有能力支付迁移成本（Findley，1987）。从相对收入的角度看，"相对剥夺"对于不同收入水平的家庭都是存在的，而且这种"相对贫穷"随着收入水平的提高而不断增强，低收入群体中"相对剥夺"感较小。外出务工的可能性与绝对富裕成反比，与"相对剥夺"感成正比（Stark、Lucas，1982）。

从笼统的概念上看，家庭人均纯收入对外出务工决策的作用呈被拉伸后的S形，在中低等收入阶段有正向促进作用，但随着收入水平提高，促进作用减弱，外出可能性的提高速度放缓（盛来运，2007）。但家庭财富累积状况与成员外出间的相互作用也可能呈U形关系（杨云彦、石智雷，2008）。

中观层面上研究的切入点还有社区和村落。社区的影响方面，社区的生产生活条件、邻里关系和谐度、劳动力就业机会、基础设施条件等因素都有可能对人员外出的比较收入和比较成本产生影响，进而影响外出决策。一般而言，社区的条件越好，政策越优惠，对居民的拉力就越大，外出流动的可能性越小（Qian，1996；Findley，1987）。结合我国国情看，一个基础条件好和社会资本丰富的社区有利于推动农民外出务工，但过高的非农发展水平会降低本地劳动力外出的可能性（盛来运，2007；韩蓄，2011）。

从村级层面看，村人均种植业收入的增加、村人均收入的提高以及村之间收入差距的扩大在一定程度上抑制了农民外出务工；当地政府免费组织农民学习农业科技增强了农民的技能，使之能够在当地获取较高的收入，从而减少了农民外出务工的可能性（张广胜，2009）。

三、宏观制度层面

制度特征主要来源于现有的城乡二元制度和政策，主要包括户籍制度、土地流转制度以及与之相伴的社会保障制度、市场流动性限制等。

农业户籍与城镇户籍存在利益差别，在医疗保险、社会保障、子女入学、就业等方面存在差别待遇。农村劳动力外出务工，一方面是追求经济效益，另一方面是为了缩小户籍制度带来的利益差异，因此，新农合、新农保等惠农的保障措施的推出对外出务工决策有一定的影响（王晓峰，2014）。

中国农村资金市场、信贷和保险市场缺乏，农业利润率低且借贷抵押困难，农民发展多种经营缺少资本扶持和风险转移机制而不能发展壮大，故选择外出务工积累发展资金。如果能够放宽资金获得的渠道，使得农户能够在本地发展非农产业，则农村劳动力外出务工的动力减弱，减少了外出的可能性（盛来运，2007；李聪，2011）。

土地制度的变革为劳动力流动创造了条件，土地作为农村居民的基本生活保障对外出务工决策产生一定的影响。土地流转程度与劳动力外出可能性呈正比，当劳动力有外出意愿时才决定把土地转包给他人，若不愿意外出且有多余的劳动力则更希望承包他人的土地（盛来运，2007）。

目前关于农民外出务工的研究主要集中在现象的描述、人口流动形成的影响上，有关外出务工决策的影响因素的实证研究多从迁移者个人特征的视角展开，微观个人层面及宏观制度层面的研究较多，中观家庭层面的研究较少。本文在对已有文献进行了梳理的基础上，创造性地从家庭发展能力这一新的研究角度出发，研究家庭发展能力对农户是否有家庭成员外出务工以及外出务工的人数的影响。

第二节　家庭发展能力与中部农户外出务工决策

新经济迁移理论把家庭看成是追求利益最大化的主体，认为有三种家庭效应影响家庭成员的外出。一是风险转移，劳动力外出被视为家庭生产经营活动的一部分，外出劳动寄回或带回的收入能够使得收入更加多元化，减少对当地传统或单一收入来源的依赖；二是经济约束，农村社会资金来源较窄，信贷市场缺乏，农户很难获取足够的资金进行非农产业生产，且农业的利润率相对较低，不能满足家庭的经济需求，为突破这些制约因素，家庭做出派人外出务工的决定；三是相对贫困，Stark（1991）提出，刺激移民的动力来源于比较相似群体后产生的"相对失落感"，而不是两地"绝对收入"的差距，且这种"相对剥夺"在低收入群体中体现得更加明显。

新经济迁移理论对中国农村家庭成员外出务工决策有着很好的适用性。中国传统的社会文化决定了家庭在家庭决策中的主体地位。首先，在小农社会中家庭的观念根深蒂固，人们的家庭观念强，以血缘关系为依托的家庭结构有着很好的稳定性和安全性；其次，中国农村家庭有着强烈的代际继承关系，个人行为受到家庭义务的约束，如父母养育子女，子女赡养老人，个人决策需要服从家庭的整体决策，此外，户主在家庭决策中有一定的权威。因此，家庭因素对成员外出务工有重要影响。

一、影响机制

（一）家庭禀赋

家庭禀赋是家庭拥有选择机会选取发展策略和应对风险环境的基础。家庭禀赋是整个家庭共享的资源和能力，是个人能力的拓展和个人禀赋的外延，同时，个人行为选择受到家庭禀赋状况的约束（石智雷，2013）。

一般而言，家庭禀赋可以归纳为家庭社会资本、家庭人力资本与家庭经济资本。在当前劳动力市场发育不完全的情况下，以直系血缘关系为基础的社会网络是农民获得城市就业信息和就业机会的重要途径（杨云彦、石智雷，2008），家庭社会资本体现了家庭关系网的强度，相比而言，关系网较强的家庭更容易在城市获得就业机会，外出的动力较大。家庭人力资本是外出决策的基础，可以从家庭劳动力数量以及家庭成员健康状况两个方面考察。若家庭仍以土地为收入的基本来源，则在满足了土地所需的劳动量之后可以派出剩余劳动力进城务工，增加收入来源。农村劳动力一般在城市的二级劳动市场就业，环境较差，工作强度大，拥有健康的体魄是进城务工者必备的素质之一。从家庭人力资本角度看，家庭人均健康程度越高，外出的可能性越大。家庭人力资本好坏是家庭是否派人外出务工的策略基础，只有当家庭人力资本满足外出务工所需的最低条件，如具备一定的学识以及拥有健康的体魄，外出务工才有可能。家庭经济资本决定了外出务工的动力大小，依据新经济迁移理论，相对贫困刺激了农村低收入家庭，进而选择进城务工追求财富。

（二）家庭策略

家庭策略既包括对现有资产的有效配置，也包括对未来经营活动方式、顺序的选择，涵盖生育安排、投资策略、生产活动、养老选择等。

以生育安排为例，是否拥有子女以及拥有子女的数量与性别影响家庭结构，进而影响是否有家庭成员外出务工。从子女数量上看，在家庭规模庞大、劳动力充足的情况下，家庭成员外出的可能性越大；此外，子女的性别对外出务工决策也有重要影响，在农村社会，独生女相比于独生子更有留守在家赡养老人的义务，多子女的情况下，女性外出的自由度更大。养老选择方面，由于子女承担着赡养老人的义务，不能长时间在外，两地往返的费用加大了外出务工的成本，从而限制了外出的可能性，但另一方面，赡养老人需要的资金也有可能刺激其外出务工，获取更大的收入。但是如果父母辈选择的是自己养老，或者社会养老（有养老金或者进养老院），子女辈养老的义务转由社会承担，则年轻劳动力更愿意外出务工，追求更大的经济收益。

（三）家庭功能

家庭功能主要体现在满足家庭成员的发展需要上，为家庭成员的生理、心理、社会性等方面的发展提供条件，并在提供发展条件的基础上提供家庭保障功能。

家庭功能的弱化、社会化[①]，使得部分家庭功能得以转移，转由社会承担，农村劳动力的家庭义务减少之后，外出务工成为可能。家庭资源结构发生了改变。家庭资源结构是家庭功能得以正常发挥的基础，其中最为重要的是经济资源（收入和财产）（吴帆、李建民，2012）。一般而言，家庭经济资源越充足，越能提供对家庭成员发展的支持，家庭功能愈发完善，且外出务工产生的距离阻碍了家庭成员之间的情感交流，家庭满足成员情感需要的功能减弱，家庭成员外出务工的动力越小，外出可能性减小。

二、数据与描述

基于对外出务工细致分析的需要，本文选取了 2013 年 7 月中南财经政法大学湖北省人口与发展研究中心对湖北省 4 个县市的农村家庭入户调查。选取的研究对象是户主年龄在 49~65 岁的家庭，调查数据采用的是分层与整群抽样相结合的方式，调查地点为荆州市所辖的松滋市、黄石市所辖的阳新县、孝感市所辖的汉川市和孝昌县，共覆盖 34 个村。本次调查主题为"农村家庭生计与发展能力调查"，具体包括"人口家庭信息"、"经济社会信息"、"家庭经济状况"、"家庭生产和金融状况"、"政策评估"这五个部分。调查共发放调研问卷 1500 份，收回有效问卷 1489 份，回收率为 99.27%。

本次调查之所以选取受访者年龄为 49~65 岁的农村家庭为调研对象，主要是因为这一年龄段农村家庭的生育决策已经完成，家庭结构较为完整。本文将所研究

---

① 家庭功能弱化、外化和社会化的趋势，主要体现在家庭生产功能、社会化功能和赡养功能的削弱（徐安琪等，2006；王跃生，2009；佘凌，2009）。家庭功能社会化指的是家庭通过外部支持来实现自身的家庭功能，如家庭的抚养功能、照料功能与赡养功能等。

的家庭定义为现在和被访者一起共同生活、共担开支、共享收入的所有人员。这是因为在农村较少有核心家庭单独居住的现象，扩大化的居住方式较为常见，而扩大化的居住方式使得大家庭在家庭发展上形成一个不可分割的整体。

(一) 受访者基本情况

受访者中以女性居多，占比为64%，男性受访者的比例为36%。从年龄分布上看，50岁至70岁是重点受访对象，达到84.1%。

从是否有外出经历看，没有外出经历的家庭为主流，共1301户，占87.4%，有外出务工经历的家庭仅188户，占12.6%。从文化程度看，受访者的受教育水平普遍较低，文盲的比例较高，为36.1%，其次是小学，为32.1%，高中及以上的比例仅为9.4%。健康状况采用自评的方式，受访者普遍认为自己身体较好，认为自己身体健康的占46.9%，接近总人数的一半，认为自己健康水平一般的占30.9%，22.3%的人认为自己身体较差。如表7-1所示。

表7-1   受访者基本情况

变量	人数	比重	变量	人数	比重
性别			文化程度		
男	536	36.0	文盲	537	36.1
女	953	64.0	小学	478	32.1
年龄			初中	333	22.4
50岁以下	107	7.2	高中及以上	141	9.4
51至60岁	753	50.6	健康状况		
61至70岁	499	33.5	健康	698	46.9
71岁以上	130	8.7	一般	460	30.9
是否有外出经历			差	331	22.3
是	188	12.6			
否	1301	87.4			

(二) 经济特征比较

是否有人外出务工首先显著影响的是家庭的经济状况，进而影响家庭消费选择和生活方式，故本文对有外出务工经历的家庭和无外出务工经历的家庭做描述性统计时，将比较的重点放在经济特征上（见表7-2）。

第七章　家庭发展能力如何影响家庭外出务工决策

表 7-2　　　　　　　　　有无成员外出务工家庭经济特征比较

	无外出务工经历（N=895）				有外出务工经历（N=594）			
	极小值	极大值	均值	标准差	极小值	极大值	均值	标准差
经济条件自评	1	5	3.30	1.034	1	5	3.08	0.925
2012年总收入	0	300000	22369.10	26492.73	0	337230	38586.04	35118.36
2012年公共转移净收入	0	49080	1490.77	3246.59	0	40260	1291.75	3467.52
2012年私人转移收入	0	140000	4230.64	9121.18	0	50000	3403.74	7067.573
2012年经营性收入	0	200000	2637.85	13405.04	0	400000	3531.08	24487.84
土地面积合计	0	206.0	5.321	8.754	0	404.0	5.946	17.073
2012年现金总开支	0	250000	16697.9	20532.68	1000	24800	24924.86	24892.00
2012年人情往来金额	0	40000	4238.80	4975.00	0	50000	6647.30	6329.70
2012年看病住院金额	0	160000	3415.83	8761.78	0	240000	4479.60	13173.32
最近半个月买肉支出	0	1500	44.74	116.60	0	2000	59.39	130.08

从总收入方面看，有外出务工经历的家庭收入显著高于无外出务工经历的家庭，有外出务工经历的家庭2012年总收入的平均值是38586.04元，无外出务工经历家庭2012年总收入的平均值是22369.1元。但是有外出务工经历的家庭中收入存在较大差异，标准差为35118.36，无外出务工经历的家庭虽然总收入平均值较小，但差异也较小，标准差为26492.73。无外出务工经历的家庭无论是公共转移收入还是私人转移收入均较高，这类家庭放弃外出务工的机会，在当地享受到更多的优惠和补贴。

土地方面，有外出务工经历的家庭土地数量均值仍高于无外出务工经历的家庭，两者差距较小，但是有外出务工经历的家庭土地数量的标准差显著大于无外出务工经历的家庭。土地是农村家庭最基本的安全保障，即便外出务工，农户也不愿意放弃现有的土地，土地成为农村家庭规避风险的利器。

消费方面，有外出经历的家庭现金开支显著高于无外出务工经历的家庭，前者的均值为24924.86元，后者的均值仅为16697.9元。具体来看，有外出务工经历的家庭对人际关系的投资较大，医疗支出方面差距较大的另一可能原因是城市的医疗费用较高。有外出务工经历的家庭最近半个月买肉的支出高于无外出经历的家庭，前者为59.39元，后者为44.74元，有外出务工家庭的生活水平较高。

第三节　实证分析与结论

一、家庭禀赋

家庭禀赋是家庭成员及整个家庭共同享有的资源和能力，主要包括人力资本、经济资本和社会资本。如表7-3所示。

家庭人力资本的衡量指标为户主受教育程度、户主最远足迹以及家庭成员健康状况。

农村家庭中家长具有一定的决策权威，户主的个人素质对家庭的整体行为选择具有重要影响。且户主的受教育程度对家庭人均受教育程度有一定关联性，一般而言，户主的受教育程度越高，家庭的整体受教育程度也越高；户主的最远足迹在一定程度上能够代表户主的见识和眼界。本文将原问卷中户主的受教育程度进行了重新划分并赋值，现规定1＝文盲＋上过扫盲班，2＝小学，3＝初中，4＝高中及以上（包括高中、中专、大专以及大学本科）；户主最远足迹①一项中，1＝本县，2＝本省外县市，3＝外省县市。

家庭成员的健康状况可以通过两个途径影响家庭中是否有成员外出。首先，家庭成员的健康状况是家庭人力资本的重要衡量指标，家中劳动力越健康，外出的可能性越大。另一方面，家庭成员健康状况显著影响家庭支出，医疗支出较大的家庭需要外出务工获得更大的收入来支撑。为综合考量家庭成员健康状况的影响，本文选取家庭成员人均医疗支出作为健康状况的代理变量。

家庭社会资本的衡量指标为家庭所拥有的家庭社会资源的多少以及社会网络质量高低，本文选取的具体变量为家庭关系投资情况以及是否有亲戚朋友在政府部门上班。

家庭的关系投资情况既体现了家庭社会网络的广度也体现了户主对社会关系的重视程度，家庭社会网络越高级所需要的关系投资越大。本文选取了家庭中上一年度人情往来金额作为家庭关系投资的体现，并选取了这个问题的深化问题——"在上述交往的人群中是否有人在政府部门工作"为辅助变量，其中，1＝有，2＝没有。我们认为，有亲戚朋友在政府部门工作的，意味着该家庭的社会网络质量较高，更容易寻求一份非农的工作。

---

① 原题目为"您去过的最远地方"。

家庭经济资本的衡量指标为家庭中耐用品数量和人均住房面积。

本文选取的第一个指标为耐用品数量,选定的耐用品为电脑、洗衣机、空调以及二轮或者三轮摩托车。这四种耐用品在农村有一定的普及性,拥有率分别为22.5%、61.9%、50.3%、56.9%,具备讨论的意义。量化的途径为,每件商品中1=有,0=没有,并将是否有该商品进行加总,最后所得的数值即为本文所提的耐用品数量。耐用品的拥有量是经济存量概念,是一个家庭长期生活水平的积攒和显示。家庭中是否拥有现代化的电气设备可以体现该家庭的经济水平,拥有的电气越多说明该家庭的经济水平越高。

本文选取的第二个体现经济资本的指标为人均住房面积。人均住房面积是家庭经济状况的另一体现,一般而言,家庭经济条件越好,家庭成员对生活舒适度要求越高,人均住房面积越大。

表7-3　　　　　　　　　家庭禀赋变量选取与基本描述统计

	极小值	极大值	均值	标准差
户主最远足迹（1=本县 2=本省外县市 3=外省县市）	1	3	2.21	0.85
户主受教育程度（1=文盲及上过扫盲班 2=小学 3=初中 4=高中及以上）	1	4	2.05	0.98
人均医疗支出（对数）	2.71	11.29	6.58	1.29
上年度人情往来支出（对数）	0	50000	5199.60	5677.05
亲戚朋友是否在政府部门工作（1=有 2=没有）	0	1	0.15	0.36
耐用品数量（电脑、洗衣机、空调以及二轮或者三轮摩托车）	0	4	1.92	1.37
人均住房面积（对数）	1.90	6.21	4.12	0.61

二、家庭生育与养老策略

家庭策略是家庭面临新的外部环境时的应对措施,一般而言,家庭策略包括家庭生育安排、养老方式的选择、生产决策。

本文选取的第一个家庭策略为生育安排。是否拥有子女、拥有子女的数量及性别组成首先影响家庭规模,进而影响家庭的整体发展水平,贯穿家庭生命发展的整个周期。本文以家庭子女结构作为生育安排的衡量指标,并按照家庭子女结构将受访家庭划分为计生家庭与非计生家庭两大类,具体划分情况如表 7-4 所示。

表 7-4 家庭结构表

家庭类型	家庭子女结构	频数	百分比	累计百分比
计生家庭	一个女儿	34	2.3	2.6
	一个儿子	97	6.5	9.1
	两个女儿	66	4.4	13.5
	一女一子	143	9.6	23.1
非计生家庭	一子一女	130	8.7	31.8
	两个儿子	149	10.0	41.8
	三个孩子	388	26.1	67.9
	四个孩子及以上	478	32.1	100

本文将计生与非计生家庭作为生育安排的代理变量,将计生家庭赋值为 1,非计生家庭赋值为 0。非计生家庭在这一生育安排中的收益是家庭规模扩大,未来劳动力数量增加,成本是生育阶段家庭负担加重,且要接受超生的罚款;计生家庭的成本收益与之相反,生育安排是家庭将家庭禀赋在时间上的重新配置。

本文选取的第二个家庭策略为养老方式的选择。随着计划生育政策的推行,家庭模式逐渐朝着小型化、核心化的方向发展,农村"养儿防老"养老模式的安全性受到挑战,反哺模式由于资源的限制而不能有效运作。为考察养老方式的选择,本文选取了问卷中的两个问题:一是"您和配偶有没有存一部分养老钱?",1=是,2=否;第二个问题为"您将来退休或者丧失劳动能力后,养老的途径主要是?",其中 1=靠子女,2=自己攒钱,3=进养老院,4=自己买养老保险,5=没有考虑。

本文选取的第三个家庭策略为生产策略。从大类上划分,农户的生计来源可以划分为农业收入和非农收入。本文选取农业生产投资作为家庭的生产决策的代理变量①,农业生产投资的大小反映了农户对农业生产的重视程度。农业生产投资越小,更多的资金可以用于从事非农性经营,收入来源更加多样化。

---

① 该指标的原题目为"请您估算您家去年购买或租用生产活动器具、生产资料等花了多少钱?(元)?"。

表 7-5　　　　　　　　　家庭策略变量基本描述统计

	极小值	极大值	均值	标准差
是否为计生家庭（1=计生家庭 2=非计生家庭）	0	1	0.77	0.42
是否存了养老钱（1=是 2=否）	1	2	1.85	0.36
养老途径选择（1=靠子女 2=自己攒钱 3=进养老院 4=自己买养老保险 5=没有考虑）	1	5	1.66	1.31
农业生产投资（单位：元）	0	50000	3334.62	4605.09

三、家庭功能

本文主要从家庭经济条件、家庭保障两个方面考察家庭功能。如表 7-6 所示。

表 7-6　　　　　　　　　家庭功能变量基本统计描述

	极小值	极大值	均值	标准差
人均收入（对数）	5.52	11.93	8.96	0.88
支出比例（上年度现金支出占总收入的比值）	0	13.3	0.89	0.85
惠农补贴情况（0=两项均无受惠 1=两项中受惠一项 2=两项均受惠）	0	2	1.16	0.63
参与新农保的档次（0=没有参加或者已经到了年龄直接领取 1=参加的档次为100元 2=参加的档次为100元以上）	0	2	0.63	0.62
商业保险参保比例（有参保的人数占全家总人数的比例）	0	1	0.09	0.24

第一个衡量指标为家庭经济条件。经济条件是家庭功能的物质载体，所以本文采用家庭中的经济条件作为家庭功能的替代变量，一般而言，经济基础越牢固，家庭功能越完善。为满足家庭成员的发展需要，家庭收入的支出必不可少，支出一方面是当期的消费也是对家庭成员发展的投资，同理，当期支出越多，对家庭成员发展的支持也越多，家庭功能越完善。为了研究家庭功能物质基础，本文选取了上年度家庭人均收入以及上年度现金支出占总收入的比值两个指标进行衡量。

第二个衡量指标为家庭保障功能。除了家庭自发产生的家庭关系网作为家庭保障之外，户主还可以通过购买保险从外部环境强化家庭保障。农村家庭的社会保险包括三大类，按受惠覆盖率递减排序为：一是政府提供的惠农政策，二是普及性较强的新农保、新农合，三是农户自发购买的商业保险。政府提供的惠农政策方面，主要包括粮食直接补贴、畜牧良种补贴、农资综合直接补贴、农业机械化购置补贴、家电下乡补贴，本文选取比较有代表性的粮食直接补贴和农资综合补贴两类，将享受到补贴的家庭赋值为1，没有享受惠农补贴的赋值为0，并将两项补贴受惠与否进行加总，最后所得结果数为受惠情况，数值为0代表两项均无受惠，数值为1代表两项中受惠一项，数值为2代表两项均受惠。由于新农保、新农合的覆盖率较大，本文引入参与新农保、新农合的档次作为衡量家庭保障功能的指标之一。量化标准为：0=没有参加或者已经到了年龄直接领取，1=参加的档次为100元，2=参加的档次为100元以上。商业保险方面，本文设置的指标是有参保的人数占全家总人数的比例，简称为参保比例，其中对于每个家庭成员而言，参与任何一项商业保险即赋值为1，没有参与则赋值为0，将家庭成员是否参与商业保险加总即可得家庭中参保的总人数。

四、模型选择与计量结果

由于家庭发展能力对家庭有无成员外出务工以及外出务工的人数影响不同，故建立两个多变量线性回归模型，利用二元Logistic回归模型检验代表家庭发展能力的变量对家庭有无成员外出务工的影响，运用OLS模型检验同一组家庭因素对外出务工人数的影响。如表7-7所示。

表7-7　　　　　　　　　　　模型回归结果

自变量	模型一			模型二	
	B	S.E.	Exp（B）	B	S.E.
家庭禀赋					
户主最远足迹	0.307***	0.084	1.360	0.094***	0.032
户主受教育程度	0.147**	0.073	1.159	0.057**	0.029
人均看病金额（对数）	−0.039	0.054	0.962	−0.029	0.021
耐用品数量	0.099*	0.056	1.104	0.054**	0.022
人均住房面积	−0.016***	0.002	0.984	−0.005***	0.001
人情往来支出（对数）	0.122***	0.032	1.129	0.036***	0.010

续表

自变量	模型一			模型二	
	B	S.E.	Exp（B）	B	S.E.
亲戚朋友是否在政府部门工作	-0.354*	0.186	0.702	-0.127*	0.072
家庭策略					
是否为计生家庭	-0.109	0.160	0.897	-0.054	0.064
是否存有养老钱	0.507***	0.195	1.660	0.196***	0.075
养老途径选择	-0.070	0.052	0.932	-0.024	0.020
农业生产投资（对数）	-0.081***	0.027	0.922	-0.037***	0.010
家庭功能					
人均收入（对数）	0.350***	0.105	1.419	0.101**	0.039
支出的比例	-0.074	0.095	0.929	-0.044	0.035
惠农补贴情况	0.254**	0.116	1.290	0.111**	0.045
参与新农保的档次	0.667***	0.116	1.948	0.183***	0.044
商业保险参保比例	0.026	0.293	1.026	-0.080	0.114
常量	-5.050			-0.559	

注：*表示在10%水平上显著；**表示在5%水平上显著；***表示在1%水平上显著

（一）家庭禀赋的影响

家庭禀赋共包含7个变量，除了人均医疗支出外，所有的变量均通过显著性检验，其中，户主最远足迹、人均住房面积和人情往来支出在两个模型中1%水平上显著；户主受教育程度在5%水平上显著；耐用品数量和是否有亲戚朋友在政府部门工作在10%水平上显著。相比而言，模型2中耐用品数量的显著性较模型1有所改善，是否有亲戚朋友在政府部门工作一项的显著性有所下降。

分类别来看，家庭经济资本对家庭中是否有成员外出以及外出人数有显著影响。家庭中耐用品数量在两个模型中均有正向影响，耐用品数量越多，家庭中有人外出的可能性越大。经济资本条件较好的家庭已经能够在农村解决温饱问题，就有更强劲的向上发展的愿望，外出的意愿越强。人均住房面积却对是否外出以及外出的人数都有负向影响，与预期相反，可能的原因是人均住房面积的代表性不强，不能说明家庭整体的经济情况，住房还需要考虑建筑的材质等，是本文的一大不足。

家庭社会资本方面，人情往来支出对是否有人外出务工以及外出务工的人数均有正向影响。有研究发现，在当前劳动力市场发育不完全的情况下，以血缘和地缘关系为基础的社会网络是农民获得城市就业信息和就业机会的重要途径（杨云彦、石智雷，2008）。人情往来支出一方面反映户主对人际关系的重视程度，另一方面也反映出家庭人际关系网的广度。户主对人际关系投资越多、人际关系网越大，农村劳动力更容易在城市寻找到工作，外出的可能性也越大。是否有亲戚朋友在政府部门工作对外出务工有反向影响，有亲戚朋友在政府部门工作提高了外出的可能性并增加了外出的人数。是否有亲戚朋友在政府部门工作体现了人际关系网的深度，一般而言，有亲戚朋友在政府部门上班意味着人际关系网质量较高。人脉的广度和深度都有力促进了家庭成员外出务工的决策。

家庭人力资本方面，在两个模型中，户主最远足迹和受教育程度对家庭中是否有成员外出以及外出的人数均有显著正向影响。两个变量均代表了户主的见识广度，户主的视野广度首先影响了家庭中是否有人外出，户主的视野越广，家庭中有人外出的可能性越大。此外，教育具有内在延续性，一般而言，家长的受教育程度与子代的受教育程度呈正相关关系，户主的受教育程度能够在一定程度上代表家庭整体受教育水平。农业生产并不需要较高的文化水平，所以受过一定教育的农民外出就业的意愿较强，即高受教育程度增加了外出的可能性。家庭成员健康状况也是人力资本的重要衡量指标，但是在两个模型中均未通过显著性检验。

（二）家庭策略的影响

家庭策略一项共设4个指标，两个模型中均只有两个指标通过显著性检验，为是否存有养老钱以及农业生产投资，二者在两个模型中的显著性相当，均为在1%的水平上显著，是否为计生家庭以及养老途径的选择并没通过显著性检验。

养老安排方面，存有养老钱对家庭中有人外出务工以及外出务工人数有显著正向影响，但是养老途径的选择并没有什么影响。可能的原因是，当代农村"家庭养老"仍然是养老方式的主流，养老方式选择中的进养老院和自己买养老保险在农村的普及性还不强。随着家庭结构的小型化、核心化，传统的"养儿防老"的安全性受到挑战，从而父母一辈开始对自己的养老进行规划，逐渐存养老钱，而不是将收入全部补贴家用。父母辈存养老钱给养老带来了一定的保障，解除了养老的后顾之忧，子女辈外出务工的可能性越大。

生产决策方面，农业生产投资对是否有家庭成员外出务工以及外出务工的人数有显著的负向影响，对农业生产投资越多，外出的可能性越小。农业生产是农村家庭生计来源的基础，但是因为耕地质量和数量，以及农业机械化高成本的限制，不少农户将重新安排生计策略,将人力物力进行重新配置,转而从事非农生产。农业生产投资反映了农户对农业生产的重视程度以及生计策略的选择,农业生产投资越少意味着农户对农业生产越不重视,从事非农生产的可能性越大,从而增加了外出的可能性。

生育安排影响家庭的规模和结构,从而影响家庭决策。是否为计生家庭可以体现家庭的生育安排,计生家庭降低了外出的可能性,但是在两个模型中都没有通过显著性检验。可能的解释是,在调研地点计划生育政策并未深入贯彻执行,计生家庭的比例为23%,很多家庭宁愿承受计生政策的惩罚,从而计划生育政策对家庭规模的影响并不大,所以未能影响到外出务工决策。

(三) 家庭功能的影响

家庭功能一共设有两大类五个变量,两个模型中除了支出比例和商业保险参保比例两项,其余变量均通过显著性检验,两个模型的显著性水平相当,其中,家庭人均收入在是否有人外出的模型中显著性较好,为1%水平上显著,在外出务工人数的模型中显著性水平为5%。此外,参与新农保的档次在1%以内的水平上显著,惠农补贴情况在5%以内的水平上显著。

第一大类变量表征家庭保障功能,包括新农保投保的档次、商业保险参保的比例以及惠农补贴的受惠情况。回归结果显示,新农保的参与档次和惠农补贴受惠情况对家庭中是否有人外出务工有显著正向影响并且增加了外出务工人数,但是商业保险参保比例没有影响。家庭保障功能的增强说明了家庭的安全性越高,在面对家庭内部生命周期转变的过渡期或者外部自然灾害的打击时抗压能力更强,为外出务工提供了经济上的保障,增加了外出务工的可能性。商业保险显著性很差的原因可能是,商业保险在城市的普及性更强,农村居民自发购买商业保险的意识很弱,认为有新农保的保障就足够了,覆盖面较低是显著性弱的一个可能解释。此外,还有一个可能的极端是,有意识有能力为家人购买商业保险的家庭经济实力本身已经很强,不需要再外出奔波。

第二大类变量是衡量家庭功能的经济基础以及家庭功能发挥程度的代理变量,分别为家庭人均收入和家庭支出比例。人均收入对是否有家庭成员外出务工以及外出务工的人数有显著正向影响;支出比例的影响为负,但显著性不强。家庭人均收入越高,家庭功能的经济基础越扎实,能够为家庭成员的发展提供支持,外出务工也是家庭成员发展的一种需要,从而有显著正向影响。家庭支出比例是对家庭成员投资的代理变量,这种家庭投资可以是教育投资、身体素质投资等,一般而言投资比例越多,家庭成员的发展需求越能得到满足,外出的可能性越大。回归结果与预期不一致的可能性是农村家庭的消费观念比较保守，倾向于储蓄，而非当前的投资。

五、总结与讨论

家庭禀赋中，家庭人力资本、社会资本、经济资本均对是否有人外出务工以及外出务工人数有显著影响。具体而言，户主的最远足迹和受教育程度增加了家庭中有人外出务工的可能性，并且增加了外出务工人数；家庭人际关系网的广度和深度对是否有人外出务工以及外出务工人数均有显著正向影响。家庭经济资本与家庭人力资本的影响方向一致，但是力度不及家庭人力资本的影响。

家庭策略中，养老安排和生产方式选择对外出务工影响较为显著。父母辈自己存养老钱增加了外出的可能性，农业生产投资对外出务工的影响是反向的。值得注意的是，计划生育政策并未对外出务工产生影响。

家庭功能中，家庭的经济基础显著地促进了家庭功能的发挥，进而增加了外出务工的可能性，家庭的保障功能在外出务工与否以及外出务工的人数方面同时有正向影响。

家庭特征对外出务工的显著影响，充分说明了农村居民外出务工行为是以家庭为决策基本单位的，或者说农民外出务工不仅仅是出于对自身的考虑，而是追求家庭收益最大化。从家庭禀赋的回归结果看，户主的个人素质对农民外出务工有较大的正向影响，应做好农村教育工作，增强农村劳动力的整体素质，从而鼓励更多农村剩余劳动力进城务工，为经济建设提供更多的"人口红利"。从家庭功能看，家庭保障功能有较大的提升空间，具体表现在新农保的投保档次普遍较低，且商业保险的比例也过低。外出务工的机会成本是农业劳动的收入，在使得收入多样化的同时也在一定程度上增加了家庭风险，有必要增强农村家庭的保障功能以及应对风险的能力。结合生产决策看，土地是农村家庭最后也是最基本的社会保障，惠农政策受惠率有待提高，进而增强土地的保障功能。家庭是基本的保障单位，应加大宣传教育力度，强化农村居民的社会保障意识，逐步建立和完善农村地区的社会保障体系。家庭策略方面，农村家庭的养老模式有待改进。农村家庭一面受计划生育政策影响呈现家庭规模小型化的趋势，但另一面受青年一辈外出务工影响，家庭式养老出现挑战，农村家庭的养老负担还未向社会进行转移，社会式养老应逐步覆盖农村地区。

第八章　基于家庭发展能力的利益导向政策

第一节　家庭发展能力

计划生育利益导向政策直接作用于家庭生育决策，并通过家庭生育决策影响家庭教育投资决策、劳动力市场参与决策等家庭其他决策形式，甚至是家庭发展的方方面面。本研究认为，计划生育利益导向政策是"发展型家庭政策"的重要组成部分，而其微观视角的实施目标也是实现家庭的发展。因此，在西部农村实施的计划生育利益导向政策应当是基于对当地家庭发展阶段、困境与需求的。从前面的研究来看，西部调研农户的家庭发展能力呈现以下特征：

一、西部调研农户的家庭发展能力还没有完全建立起来，仍处于起步阶段，有陷入贫困陷阱的风险

首先，家庭禀赋中以生活基本资料禀赋为主，经营性生产资料占有量少，使得家庭难以达到进行理性家庭策略投资的家庭资产禀赋基础。

其次，西部农户家庭保障功能差，应对风险能力较弱。

家庭经济来源单一，对家庭成员的物质经济援助仅能保证日常所需。当家庭遇到大的开支需求或需应对风险时，家庭难以实现保障。首先体现在房屋建造上。年轻一代的房屋多为父母修建，房屋自建的家庭多是经过了多年积累之后。新家庭启动发展的原动力仍然在于家庭或者父代家庭的转移支付。另一方面便是体现在医疗支出上。有接近一半的家庭有成员正面临大病、慢性病的威胁，成为家庭陷入贫困的主要诱因。

经济能力不足也带来了家庭服务支持功能的缺失。体现在子女教育上，西部调研农户普遍教育支出较少，子女辍学以"经济原因居多"。

西部农户多为传统的家庭结构。家庭规模较大，以多代家庭为主。虽然经济保障难以满足家庭成员所需，西部农村家庭仍努力维持着家庭结构的完整、家庭夫妻

关系和代际关系的延续。在养老方面，他们普遍认同自己对父代的赡养责任，并预期在自己年老后也会享受子代的照料。外出打工的返乡年龄偏轻，超过40岁仍在外打工的家庭较少。这也说明了人们对家庭的眷顾。当然也在很大程度上是由于生活上的不便利、受教育水平较差、技能掌握不足等原因，外出打工压力较大造成的。

二、可以预期，随着家庭生命周期演进，新一代家庭将会拥有更强的发展能力

第一，新一代家庭的健康状况更好。随生命周期的递进，家庭健康状况递减，这属于家庭禀赋的范畴。家庭形成期和扩展期（核心家庭为主）时健康状况和活动能力最好，之后随年龄增长，到家庭衰退期和空巢期时，健康状况最差。

第二，新一代家庭的就业能力更强。随生命周期的递进，家庭参与劳动力市场的就业能力先增后减。从形成期到扩展期，就业能力递增，表现为工资水平和就业层次两方面。而后随着子女陆续分家、父母逐渐衰老，家庭就业能力又开始递减，一直到空巢家庭，就业能力最弱。

第三，新一代家庭更注重教育投资。随生命周期的递进，家庭教育投资策略递减，这里体现为实际发生的教育投资和对未来子女教育投资的预期。形成期的家庭（核心家庭为主）本身受教育水平较高，更关注教育之于家庭的重要程度，教育投资策略更高。而扩展期、衰退期的家庭对教育投资的重视程度递减。

因此，我们可以预期，随着家庭结构的日益核心化和小型化，家庭决策主体将会更多地集中于年轻一代，他们健康状况更好、就业能力更强、教育投资更积极，势必会带来整体社会家庭发展能力的推进。

三、西部农户生育决策处于从"单一决策模式"向"集体决策模式"过渡的阶段，子女质量没有形成对数量的替代关系

一般认为，家庭决策的研究经历了从最早期的将家庭视为"黑箱"的单一决策模型，所有家庭成员都是偏好一致和利他的，到集体决策模式中，考虑了家庭成员的自利性和偏好异质性，从而协商机制配置资源成为家庭决策的主要形式。再到后来，又将家庭生产活动也纳入到家庭决策之中，包括了家庭所有成员的贡献，也承认他们的家庭决策地位。

对抽样西部农户的分析结果来看，当前他们的家庭生育决策还处于从"单一决策模式"向"集体决策模式"转换的过程中。女性仍然不能主导家庭决策过程，

虽然他们是生育的主体。家庭内部的协商机制还未完全建立，仍以男性为决策主体。

另外，家庭对子女质量的追求没有替代挤占子女数量。除了一般认为的收入效应大于替代效应之外，本研究认为，还有"母亲"角色缺失的原因。

当家庭收入较低时，随收入增加，家庭子女数量和质量同时提高；而当收入超过一定阈值时，替代效应出现，之后当替代效应超过收入效应时，子女数量和质量的替代关系才会产生。从本研究结果来看，质量替代数量这个方向上，还是收入效应占主导的。"家中子女最高受教育水平"显著正向影响家庭子女规模，也可以从几个控制变量上看出来。家庭收支状况对子女质量的影响不显著，而家庭基本生活资料禀赋才会显著影响家庭生育决策。

导致这一替代关系没有形成的原因，还和家庭中"母亲"的角色有关。一方面，母亲受教育程度较差，对家庭生育数量的影响不显著；另一方面，母亲在家庭生育决策中地位低下。

但是，可以推测在总体生育政策逐渐转变的过程中，家庭的生育决策也会由生育政策的"外向控制"转向依据市场逻辑的"内在控制"，生育政策之外的因素将发挥更大的作用。以贝克尔模型为代表的传统家庭经济学理论假设，家庭所有成员都是利他的、偏好一致的。但随着年轻一代家庭的逐渐核心化和女性社会地位的提高，生育决策很有可能用生育子女的"数"与个人生活的"质"替代贝克尔的"量质权衡"。在这一影响下，夫妻的人力资本与生育意愿就会起到比较关键性的作用。

四、孩子质量还没有成为农户当前最重要的效用需求。家庭子女数量增加会导致家庭减少子女教育投资

家庭中平均每多出生一个孩子，教育支出将会减少 0.146 个单位。也就是说，在西部调研农户中子女数量形成对质量的挤压替代效应。

收入在家庭教育投资策略中起到显著作用。结合上面对质量替代数量的分析，我们可以认为，当收入增加时，家庭对孩子数量和质量的选择是有优先次序的，人们更倾向于提高已有孩子的质量，或者提高对将来孩子质量的期许，而非当期消费。这也印证了，收入提高是推动从"收入效应占主导"向"替代效应占主导"的关键力量。

另一方面，家庭对子女质量的主观期待显著促进了家庭教育投资。提高当地教育回报率，将会在很大程度上提高家庭对子女的教育投资，促进家庭发展能力。

五、西部农户非农劳动参与多元化程度高，但家庭内非农人员比例不高

西部农户劳动力市场参与的多元化程度很高，但家庭中成员非农劳动参与比重并不高。调研农户中只有17.31%的农户为纯农业家庭。这一方面受到家庭规模和结构的影响。家庭规模是家庭劳动力市场参与多元化的基础。西部农村家庭规模普遍较大，多为大家庭，而耕地较少，家庭剩余劳动力较多，或可称为"家庭规模对劳动参与多元化程度的倒逼效应"。将非农参与的农户进一步分为纯非农农户和兼业农户的话，发现，虽然兼业农户平均家庭规模较大，但是家中参与非农劳动的人数少于纯非农农户。也就是说，西部调研家庭中的兼业农户，其实家庭内部非农劳动的参与比例并不高。

由于西部农户中多代家庭较多，在家庭就业决策中，家庭结构是不容忽视的影响因素。可以用家庭老人和小孩的数量来指代家庭结构的复杂程度。家中的老人和小孩都是需要照料的群体，理论上都会阻碍家庭成员的非农劳动参与程度。但数据分析的结果不尽相同，发现：家中老人越多，非农平均人数的确呈减少趋势。而随着子女的成长，家中非农劳动人数先减后增。由于受教育年限短，子女进入劳动力市场较早。"子女性别偏好"在这里又一次呈现了影响作用。男孩越多的家庭，非农劳动参与有显著的正向增长，而女孩的增长，对家庭非农劳动参与的影响并不显著。

六、西部调研农户仍是传统的家庭内劳动分工方式

家庭内成员的劳动分工，尤其是参与非农劳动的人员决策，是家庭发展能力的重要体现形式。家庭中参与非农劳动的，首先，男性更可能参与非农劳动，其次，青壮年更可能参与非农劳动。30～50岁之间的家庭成员占所有非农劳动成员的50.93%。第三，文化程度中等偏低的家庭成员更可能参与非农劳动。由于西部农户平均受教育水平较差，42.37%的非农劳动参与者的文化程度为"小学"。第四，家中"配偶"和"子女"是参与非农劳动的主体。由于本次调研选取的户主年龄较轻，因此受访者配偶，也就是家中的"父亲"角色，非农劳动的比例最大，占47.78%。

就夫妻外出务工的选择来看，女性外出务工显著受到家庭结婚、生子的影响。男性更倾向于外出务工。在有外出务工经历的人群中，女性在结婚前1年到结婚后6年期间为第一次务工高峰，结婚后9～12年为第二次务工高峰。而其配偶的外出

第八章　基于家庭发展能力的利益导向政策

务工决策受家庭影响较小。

七、"少生快富"工程成功实现了"少生"，却未能帮助农户有效达到"快富"

"少生快富"工程作为西部计划生育利益导向政策的重要形式，"快富"是其实施的目标，但是如何实现"快富"却是一个难题。仅有0.7%的农户认为"工程配套措施有吸引力"，以及奖金多用于日常消费（占51.5%）而非家庭投资，就都说明了这一点。

母亲学历较高的家庭（本科及以上）以及母亲学历非常低的家庭（小学、文盲），都更倾向于参加"少生快富"工程，但原因不同。一个是因为对子女质量的追求而放弃数量，另一个是源于对家庭养育子女成本的约束。

受访女性参与纯非农业劳动的，其家庭参加"少生快富"工程的比重较大；而兼业女性，家庭更倾向于不参加"少生快富"工程；纯农业劳动参与的女性，参加与不参加这一工程的比例基本相当。

第二节　关于利益导向政策的建议

计划生育利益导向政策，由于其"利益导向"而非"行政命令"的特性，更有可能实现家庭、社会的双赢。"导向"有很多方面，在这里我们研究"促进家庭发展能力"的这一导向，这无需再讨论。而另一问题在于，"利益"又是指什么？只有满足家庭发展所需的"利益"，才能真正推动家庭向前发展。

一、将"提供就业机会、提高成员就业能力"纳入"利益导向"之中

"发展型家庭政策"将提高家庭成员的劳动力市场参与能力作为重要目标，强调社会参与能力和家庭责任。西部农村家庭剩余劳动力丰富、耕地又较少，具有社会参与的动力和需求。因此，通过技能培训、劳务输出、鼓励创业等形式，是能够促进劳动力市场参与度的，尤其是女性劳动力参与。

计划生育利益导向政策和其他发展型家庭政策一样，导向干预的目的在于使家庭更好地适应市场经济的变化，特别是劳动力市场的变化。将"提供就业机会、提高家庭成员就业能力"纳入"利益导向"中来，促进家庭劳动力市场参与的多元化，也增强了家庭抵御风险的能力。

在如今鼓励创业的时代背景下,加大对农村普通农户创业的支持力度,其中很重要的一个环节就是加大对农户创业的资金支持。另外,考虑到农户整体受教育程度不高,政府在为农户创业提供资金的同时,最好和第三方组织合作,配套相应的培训课程,这样更有利于优化农户家庭策略,提高农户的家庭发展能力,促进农村经济的发展。

仅仅依赖转移支付和最低生活保障,是不能使家庭摆脱贫困陷阱的,反而抑制了受助家庭再就业意愿。积极的再就业扶持策略,使有劳动能力或者有部分劳动能力的受助家庭成员的脱贫从再分配领域跨越到初次分配领域。随着收入的增加,家庭得以通过子女教育投资,实现家庭发展能力。

二、厘清政府与家庭的责任边界,生育决策不仅仅是家庭的考量,更是社会行为,促使社会发展。将一部分家庭责任纳入"利益导向"中来,成为社会保障的一部分

家庭问题会向社会外溢,一个贫穷、对未来没有希望的家庭给社会带来的是经济和社会成本,而富有并努力履行家庭责任的家庭,也会激励其家庭成员承担更多的社会责任。因此,家庭保障和社会保障构成了整体的保障体系,两者需要协调发展才能真正实现家庭发展和社会进步。

从本研究来看,这一部分需要纳入社会保障"利益导向"的家庭责任,首先便是子女照料。在家庭生命周期的"扩展期",将女性从子女照料的家庭责任中部分解脱出来。如建立更完善的"托儿所"、"幼儿园"等,提高女性劳动参与。

另一方面,是养老保障。不仅在靠近城市的乡镇完善,更要在较为偏远的地区也完善医保和养老保障制度,保障制度不像经济发展那样可以"先让一部分富起来,再帮助另外一部分",保障制度事关家庭和睦甚至其生死存亡。另外,可以建立以乡村为单位的互帮互助老年组织。传统乡村流行的守望互助属于一种自发性、无组织的行为,而建立互帮互助老年组织则可以在细节上进行优化,在问题出现时除了家庭,还有一个更为广大的组织进行帮助支援。最后,在思想层面上应该对"家本位"的保障观念进行调整,提高农民对于社会保障和家庭保障的观念认知。当前我国有很多公益组织,当家人出现重大变故而家庭无法承担时,应积极求助于类似红十字会、壹基金、中国扶贫基金会等公益组织以及政府相关部门,充分发挥社会公益组织的社会责任,也实现政府"为人民服务"的宗旨。

三、将"提高人力资本投资回报率"纳入"利益导向"之中

人力资本投资回报率低,是西部农民受教育水平普遍较低的重要原因。家庭要实现发展,就必须提高人力资本存量,这是毋庸置疑的。义务教育制度是外生的制度性要求,而提高人力资本投资回报率则会使家庭自发产生对教育投资的热情。在这一方面,政府可做的事情很多。

增加农村本地的就业岗位,不仅有利于解决当地的就业和经济发展问题,更避免了亲人远走他乡务工的种种不便,可谓一举多得。一方面政府可以推出优惠政策大力引进资金,为本地经济发展创造良好的发展环境,鼓励农户家庭成员自主创业,采取多渠道就业等措施提高本土就业机会;另一方面,也可以以乡镇为中心,建立人才招聘专场制度,定期举行招聘会专场,提高人才招聘的针对性和成功率。增强农民就业率,家庭抗风险能力也会相应提高,家庭保障能力得到了保证。促进当地就业,增加招商引资吸引力,需要增加当地基本公共服务供给和交通等基础设施建设投资,以形成良性循环。

营造重视教育的环境,也很重要。建设社区图书馆、组织一系列尊师重教活动,都有助于提高人们对教育的认识。

四、"利益导向"是提高家庭收入,更是提高家庭资本和家庭投资能力

家庭禀赋是农户家庭策略实施的基础条件,尤其是家庭经营性资本禀赋和以劳动技能为主的人力资本禀赋。因此,在计划生育利益导向机制的政策设计中,应优先考虑各农户发展起步所需要的家庭资本禀赋,有针对性满足家庭需求,实现家庭发展。

过去以资金转移支付为主的扶贫方式,只是暂时使家庭摆脱贫困,却不能实现富裕。由此也产生了陷入贫困陷阱、返贫等问题。而帮助农户提供经营性投资所需的资金、技术、信息,对提高收入更有效。

参 考 文 献

[1] Gary S. Becker (1960). *An Economic Analysis of Fertility. The Evolution of Population Theory. Demographic and Economic Change in Developed Countries* (pp. 209-240). New York City: Columbia University Press.

[2] Dirk Jacobs, & Jean Tillie (2004). Introduction: Social Capital and Political Integration of Migrants. *Journal of Ethnic and Migration Studies*, 30 (3): 419-427.

[3] Oded Galor, & Oded Stark (1990). Migrants' Savings, the Probability of Return Migration and Migrants' Performance. *International Economic Review*, 31 (2): 463-467.

[4] Whitney, V. H. (1958). *Economic Backwardness and Economic Growth: Studies in the Theory of Economic Development.* Harvey Leibenstein.

[5] Lewis, J. M., &Beavers, W. Robert, &Gossett, John T, &Philips, Virginia A. (1976). *No single thread: Psychological health in family systems.* New York: Brunner/Mazel.

[6] John Goldlush, &Anthony H. Richmond. (1974). A Multivariate Model of Immigrant Adaptation. *International Migration Review*, Special Issue: Policy and Research on Migration: Canadian and World Perspectives, 8 (2): 193-225.

[7] Jacob Mincer. (1978). Family Migration Decisions. *Journal of Political Economy.* 86 (5): 749-773.

[8] Murphy R. (2002) *How Migrant Labor is Changing Rural China.* Cambridge: Cambridge University Press.

[9] Olson D. H, &Sprenkle D. H, &Russell C. S. (1979) Circumplex model of marital and family systems: I. Cohesion and adaptability dimensions, family types, and clinical applications. Family process, 18 (1): 3-28.

[10] Oded Stark. (1991). *The Migration of Labor.* Oxford Bail Blackwell.

[11] Skinner H, &Steinhauer P, &Sitarenios G (2000). Family Assessment Measure

(FAM) and process model of family functioning. *Journal of Family Therapy*, 22 (2): 190-210.

[12] 蔡昱. 论家庭决策的哲学蕴涵 [J]. 医学伦理学理论研究. 2012 (5).

[13] 陈云桥. 关于农村家庭功能失衡的思考 [J]. 特区经济. 2007 (2).

[14] 陈云桥. 社会转型期农村家庭功能失衡问题研究 [J]. 经济问题探索, 2009 (9).

[15] 陈良. 子女性别偏好对父母消费、劳动供给和经济转移支付影响的实证研究 [D]. 西南财经大学, 2014.

[16] 陈浩, 毕永魁. 人力资本对农户兼业行为及其离农决策的影响研究——基于家庭整体视角 [J]. 中国人口·资源与环境, 2013 (8).

[17] 陈淑芬. 家庭功能分析的理论体系简介——家庭功能分析的相关概念 [J]. 中国全科医学, 2006 (2).

[18] 池丽萍, 辛自强. 家庭功能及其相关因素研究 [J]. 心理学探新, 2001, 21 (3).

[19] 程名望, 潘烜. 个人特征、家庭特征对农村非农就业影响的实证 [J]. 中国人口·资源与环境, 2012 (2).

[20] 邓云龙, 阳中华, 陈向一. 社会支持和家庭功能与老年人主观幸福感的相关性 [J]. 中国老年学杂志, 2012, 32 (16).

[21] 丁守海. 劳动剩余条件下的供给不足与工资上涨——基于家庭分工的视角 [J]. 中国社会科学, 2011 (5).

[22] 丁守海, 时新哲. 家庭劳动供给行为研究进展 [J]. 经济学动态, 2012 (10).

[23] 丁守海, 蒋家亮. 家庭劳动供给的影响因素研究：文献综述视角 [J]. 经济理论与经济管理, 2012 (12).

[24] 都阳. 影子工资率对农户劳动供给水平的影响——对贫困地区农户劳动力配置的经验研究 [J]. 中国农村观察, 2000 (5).

[25] 都阳. 城市劳动力市场上的就业冲击对家庭教育决策的影响 [J]. 经济研究, 2006 (4).

[26] 杜本峰, 李碧清. 农村计划生育家庭生计状况与发展能力分析. 人口研究, 2014, 38 (4).

[27] 冯黎. 贫困地区大病风险冲击下的农户经济行为研究 [D]. 华中农业大学, 2009.

[28] 范士德. 中国劳动力流动社会经济政策演化脉络与效应研究 [J]. 人口学刊, 2013 (5).

[29] 樊欢欢. 家庭策略研究的方法论——中国城乡家庭的一个分析框架 [J]. 社会学研究, 2000 (5).

[30] 高侠丽, 侯春在. 家庭功能理论的研究进展 [J]. 社会心理科学, 2008 (Z1).

[31] 高巧. 浅谈"家庭经济学" [J]. 内江科技, 2007 (9).

[32] 弓秀云, 秦富. 家庭非农劳动供给时间的影响因素分析 [J]. 技术经济, 2007 (6).

[33] 弓秀云, 秦富. 林业主产区农户影子工资对家庭劳动供给影响的实证分析 [J]. 技术经济, 2008 (9).

[34] 弓秀云. 影子工资、影子收入与农户劳动供给——基于四川沐川县、安徽金寨县的调查分析 [J]. 技术经济与管理研究, 2011 (10).

[35] 郭砚莉. 比较优势理论与家庭内部劳动分工 [J]. 经济经纬, 2007 (4).

[36] 韩蓄, 卢二坡. 农民外出就业决策的影响因素分析 [J]. 统计与决策, 2011 (16).

[37] 侯亚非. 北京市独生子女生育意愿调查分析 [J]. 北京社会科学, 2003 (3).

[38] 胡宁, 邓林园, 张锦涛, 方晓义, 陈蕾, 梅海燕. 家庭功能与青少年问题行为关系的追踪研究 [J]. 心理发展与教育, 2009 (4).

[39] 胡道明. 浅析劳动力无限供给与"民工荒"的现实悖论 [J]. 管理世界, 2008 (4).

[40] 黄振华. 中国农户：功能变迁与政府介入 [D]. 华中师范大学, 2013.

[41] 黄宗智. 长江三角洲小农家庭与乡村发展 [M]. 上海：中华书局, 2000.

[42] 黄祖辉, 杨进, 彭超, 陈志刚. 中国农户家庭的劳动供给演变：人口、土地和工资 [J]. 中国人口科学, 2012 (6).

[43] 纪月清. 家庭难以搬迁下的中国劳动力迁移. [J]. 农业技术经济, 2011 (11).

[44] 景天魁. 福利社会学 [M]. 北京：北京师范大学出版社, 2010.

[45] 李聪, 黎洁, 李亚莉. 个人与家庭：西部贫困山区女性劳动力外出务工的影响因素分析——基于陕西秦岭山区的调查 [J]. 妇女研究论丛, 2010 (4).

[46] 李建明, 郭霞. 家庭功能的研究现状 [J]. 中国健康心理学杂志, 2008, 16 (9).

参考文献

[47] 李静. 转型社会家庭功能的变迁与未成年人犯罪研究 [D]. 中国政法大学, 2007.

[48] 李崇光. 经济转型时期中国农村劳动力流动就业的新探索 [J]. 农业技术经济, 2012 (1).

[49] 李强. "双重迁移"女性的就业决策和工资收入的影响因素 [J]. 调查与思考, 2012 (5).

[50] 李逸波, 彭建强, 赵邦宏. 中国农民职业分化现状分析 [J]. 聚焦三农, 2012 (10).

[51] 梁静, 赵玉芳, 谭力. 农村留守儿童家庭功能状况及其影响因素研究 [J]. 中国学校卫生, 2007 (7).

[52] 林善浪. 家庭生命周期对农村劳动力转移的影响分析 [J]. 中国农村观察, 2010 (1).

[53] 林毅夫. 制度、技术与中国农业发展. 上海：上海人民出版社, 2008.

[54] 刘畅, 邹玉友. 农村劳动力供给的结构特征及其影响因素 [J]. 三农观察, 2013 (8).

[55] 刘传江, 周玲. 社会资本与农民工的城市融合 [J]. 人口研究, 2004 (9).

[56] 刘秀梅, 亢霞. 农户家庭劳动时间配置行为分析 [J]. 中国农村观察, 2004.

[57] 刘永萍. 农村家庭对农村劳动力转移的理性决策 [J]. 湖北经济学院学报：人文社会科学版, 2009 (2).

[58] 陆文聪, 吴连翠. 兼业农民的非农就业行为及其性别差异 [J]. 中国农村经济, 2011 (6).

[59] 罗丽艳. 孩子成本效用的拓展分析及其对中国人口转变的解释 [J]. 人口研究, 2003 (2).

[60] 吕红平. 论子女成本-效用理论在中国的应用 [J]. 人口与经济, 1998 (2).

[61] 穆光宗. 生育成本-效用分析 [J]. 南方人口, 1993 (4).

[62] 宁雪华. 大学生挫折容忍力与家庭功能的关系研究 [D]. 江西师范大学, 2008.

[63] 潘云华, 陈勃. 人口生育率下降的家庭经济因素分析 [J]. 中国青年研究, 2011 (12).

[64] 潘金洪. 独生子女家庭人力资本投资风险分析 [J]. 人口与经济, 2007 (S1).

[65] 庞婷婷, 姜林业, 史家亮. 农村养老问题探究 [J]. 金融经济, 2015 (10).

[66] 彭澎. 基层治理变革：转型期农村发展的新趋势 [J]. 四川理工学院学报：社会科学版, 2012 (5).

[67] 丘红, 王晓峰. 生育外部性及生育成本分析 [J]. 西北人口, 2010 (5).

[68] 沈江茜, 蔡弘. 家庭功能弱化与外化下家庭发展与政策选择 [J]. 宿州学院学报, 2014, 29 (8).

[69] 盛来运. 农村劳动力外出的动因 [J]. 中国统计, 2007 (8).

[70] 盛来运. 中国农村劳动力外出的影响因素分析 [J]. 调研世界, 2008 (9).

[71] 宋山梅, 刘文霞. 代际差异视角下资本禀赋对农民工就业选择影响研究 [J]. 贵州社会科学, 2014 (10).

[72] 上海市闵行区人口和计划生育委员会课题组. 家庭发展能力建设的实践探索与指标体系建设 [J]. 上海党史与党建, 2013 (3).

[73] 石智雷. 对家庭发展能力的理论思考. 中国人口学报, 2013 (12).

[74] 石智雷. 计划生育对家庭发展能力的影响及其政策含义. 公共管理学报, 2014 (10).

[75] 石智雷, 徐玮. 计划生育利益导向政策对家庭发展的影响效应分析. 南方人口, 2014, 29 (1).

[76] 石智雷. 家庭禀赋、家庭决策与农村迁移劳动力回流 [J]. 社会学研究, 2012 (3).

[77] 史清华, 张改清. 农户家庭决策模式与经济增长的关系——来自浙江5村的调查 [J]. 农业现代化研究, 2003 (2).

[78] 宋月萍. 职业流动中的性别差异：审视中国城市劳动力市场 [J]. 经济学 (季刊), 2007 (6).

[79] 舒尔茨. 改造传统农业 [M]. 北京：商务印书馆, 1987.

[80] 谭深. 家庭策略, 还是个人自主？——农村劳动力外出决策模式的性别分析. 浙江学刊, 2004 (5).

[81] 谭雪萍. 成本-效用视角下的单独二胎生育意愿影响因素研究——基于徐州市单独家庭的调查 [J]. 南方人口, 2015 (2).

[82] 汤梦君, 蔚志新. 人口计生部门在家庭发展中的作用空间——基于SWOT分析的结果 [J]. 人口与发展, 2012 (2).

[83] 王晓峰, 田步伟. 边境地区农村人口流出及影响因素分析——以黑龙江三个边境县的调查为例 [J]. 人口学刊, 2014 (5).

[84] 王西玉, 崔传义, 赵阳等. 中国二元结构下的农村劳动力流动及其政策选择

［J］．管理世界，2000（5）．

［85］王远伟等．中国城镇居民家庭教育投入的状况和特征［J］．教育与经济，2009（4）．

［86］文军．从生存理性选择到社会理性选择：当代中国农民外出就业动因的社会学分析［J］．社会学研究，2001（5）．

［87］王春超．政策约束下的中国农户就业决策与劳动力流动［D］．华中师范大学，2008．

［88］王春超，李颖，张静．中国农户劳动就业决策行为演变（1978-2006）［J］．商业研究，2010（1）．

［89］王春超．中国农户收入增长与就业决策行为：一个动态解释——基于湖北农户跟踪调查的实证研究［J］．统计研究，2008（5）．

［90］王春超．中国农户就业决策与劳动力流动：一个新的解释［D］．华中师范大学，2005．

［91］王立军，马文秀．人口老龄化与中国劳动力供给变迁［J］．中国人口科学，2012（6）．

［92］邬沧萍，刘军．预期因素与生育决策［J］．人口与计划生育，1995（5）．

［93］吴帆，李建民．家庭发展能力建设的政治路径分析［J］．人口研究，2012，36（4）．

［94］吴帆，李建民．家庭发展能力建设的政策路径分析［J］．人口研究，2012（4）．

［95］徐安琪．孩子的经济成本：转型期的结构变化和优化［J］．青年研究，2004（12）．

［96］谢正勤，钟甫宁．农村劳动力的流动性与人力资本和社会资源的关系研究——基于江苏农户调查数据的实证分析［J］．农业经济问题，2006（8）．

［97］姚先国．家庭收入与中国城镇已婚妇女劳动参与决策分析［J］．经济研究，2005（7）．

［98］杨云彦，石智雷．家庭禀赋对农民外出务工行为的影响［J］．中国人口科学，2008（5）．

［99］杨云彦，石智雷．中国农村地区的家庭禀赋与外出务工劳动力回流［J］．人口研究，2012（4）．

［100］尹秀芳，杨云彦．农村家庭风险抵御能力研究——基于湖北省的调查．农村经济，2014（10）．

[101] 尹世洪. 社会转型期农村家庭结构的变化 [J]. 江西社会科学, 2012 (4).

[102] 张文馨. 从个体关照到提升家庭整体发展能力: 我国家庭发展政策研究综述. 湖北经济学院学报, 2013, 11 (4).

[103] "中国农村劳动力流动"课题组. 农村劳动力外出就业决策的多因素分析模型 [J]. 社会学研究, 1997 (1).

[104] 张惠, 刘垄. 老年人健康状况和家庭功能的调查 [J]. 中国老年学杂志, 2012, 32 (22).

[105] 张莹, 魏珉. 中文版 Feetham 家庭功能量表的信效度 [J]. 解放军护理杂志, 2012, 29 (1).

[106] 张正军, 刘玮. 社会转型期的农村养老: 家庭方式需要支持 [J]. 西北大学学报: 哲学社会科学版, 2012, 42 (3).

[107] 张世伟, 周闯, 贾朋. 东北地区城镇家庭劳动供给行为研究——基于劳动供给离散选择模型的经验分析 [J]. 中国人口科学, 2011 (1).

[108] 张明忠, 钱文荣. 不同兼业程度下的农户土地流转意愿研究 [J]. 农业经济问题, 2013 (4).

[109] 张建武, 史锐, 赵秋运. 劳动供给的发展脉络及其影响因素: 一个国内文献综述 [J]. 中国劳动经济学, 2011 (1).

[110] 章菲, 家庭生育决策的影响因素分析: 基于中国健康与营养调查的数据 [D]. 浙江大学, 2012.

[111] 周兴, 王芳. 中国女性的社会经济特征与生育决策 [J]. 人口学刊, 2010 (4).

[112] 周兴. 人口老龄化对我国劳动力供给结构的影响分析 [J]. 中国农业银行武汉培训学院学报, 2011 (2).

[113] 朱欣乐, 丁志国. 农民外出打工偏好分析——基于影响因素和地点偏好视角. 农业技术经济, 2013 (12).

后 记

本书是导师杨云彦教授主持的国家社会科学重大项目"完善人口与计划生育利益导向政策体系研究"子课题"家庭发展能力与计划生育利益导向政策研究"的研究成果。基于项目的支持，课题组得以于 2015 年 8 月赴甘肃、宁夏，调研当地计划生育利益导向政策——"少生快富"工程和农户的家庭发展能力。18 人组成的调研团队，从郁郁葱葱的武汉来到苍凉、壮阔的西部，新奇而又震撼。西部农村与我们熟悉的中部农村完全不同，家庭收入不高但婚嫁花费却非常大，虽执行了强有力的义务教育制度但受教育水平却普遍低下；"少生快富"工程已顺利实施多年，但其"快富"功能的实现却又困难重重；家中的青壮年男性外出打工比例较高，但能成功融入城市的却寥寥；传统的大家庭形式，年轻的女性没有家庭决策权，即便是在作为生育主体的生育决策中；家庭虽难以保障其成员更多的物质经济需求，但也努力维系着大家庭结构的完整、对老人和孩子的照料与慰藉，大家庭气氛浓厚、性别分工明确、代际关系和谐。

家庭的存在形式、决策方式都有其形成的必然性和科学性，是在既有条件下家庭的最优、理性选择。形成了具有特色的家庭内部分工形式、家庭与子代家庭之间财富代际传递与相互照料模式，构成西部农户家庭发展的内在动力。对这一发展模式与动力的研究是有趣的，也是有意义的。不仅给家庭发展能力研究增添了新的案例样本，也为当地家庭发展政策，尤其是计划生育利益导向政策的有效实施提供了更具针对性的政策制定背景。计划生育利益导向政策是我们课题组关注的核心概念，就微观层面而言，计划生育利益导向的目标是实现家庭发展，西部农户家庭发展尚有哪些困境？有哪些发展需求还没能得以满足？如何利用利益导向政策推动家庭从"生存"到"发展"？都是需要我们进一步思考的话题。

课题组在"计划生育利益导向政策与家庭发展能力"的研究上，积累多年，建立了清晰的理论研究框架，而这一话题也随着我国计划生育政策的调整而进入新的研究阶段。本书中尚有一些问题只是提出来还未能给出解答，这也是作者以后的研究内容。